Annika Heuser

Inklusion in der beruflichen Ausbildung

Maßnahmen der
UN-Behindertenrechtskonvention
zur Förderung einer
inklusiven Berufsausbildung

Bibliografische Information der Deutschen Nationalbibliothek:

Die Deutsche Nationalbibliothek verzeichnet diese Publikation in der Deutschen Nationalbibliografie; detaillierte bibliografische Daten sind im Internet über http://dnb.d-nb.de abrufbar.

Executive Summary

Inklusion ist seit zehn Jahren aus dem politischen und gesellschaftlichen Diskurs nicht mehr wegzudenken. 2009 unterzeichnete Deutschland die UN-Behindertenrechtskonvention (UN-BRK) und verpflichtete sich damit, die Anforderungen des völkerrechtlichen Vertrages umzusetzen. Im Fokus der Diskussionen stand die Schulbildung und die Einbeziehung von Schülern mit Förderbedarf in den allgemeinen Unterricht. Bisher wurde das Thema Inklusion im Hinblick auf Berufsausbildung nur am Rande behandelt. Dabei lauern insbesondere an der Schwelle zum Arbeitsmarkt Exklusionsrisiken, welchen offensiv begegnet werden muss. Teilhabechancen bleiben ungenutzt auf dem Weg ins Berufsleben. Auch hinsichtlich des demografischen Wandels und des daraus resultierenden Fachkräftemangels in den nächsten Jahren kommt der inklusiven Berufsausbildung eine große Bedeutung zu.

In der vorliegenden Arbeit wird die Umsetzung der UN-BRK am Beispiel der Berufsausbildung junger Erwachsener beleuchtet. Dazu werden Grundlagen zum Thema Teilhabebeeinträchtigung gelegt und ausbildungsbezogene Stellen der UN-BRK erläutert. Im Anschluss wird die gegenwärtige Ausbildungssituation von jungen Erwachsenen mit Beeinträchtigung mit den Zielen der UN-BRK abgeglichen. Zu dem entstanden Handlungsbedarf werden abschließend Empfehlungen für die Praxis gegeben.

Inhaltsverzeichnis

Abbildungsverzeichnis

Tabellenverzeichnis

Abkürzungsverzeichnis

AEVO	Ausbildereignungsverordnung
BA	Bundesagentur für Arbeit
BBiG	Berufsbildungsgesetz
BiBB	Bundesinstitut für Berufsbildung
BMAS	Bundesministerium für Arbeit und Soziales
BvB	Berufsvorbereitungsmaßnahme
DGPPN	Deutsche Gesellschaft für Psychiatrie und Psychotherapie, Psychosomatik und Nervenheilkunde e.V.
DIMR	Deutsches Institut für Menschenrechte
HRK	Hochschulrektorenkonferenz
HwO	Handwerksordnung
ICF	Internationale Klassifikation der Funktionsfähigkeit, Behinderung und Gesundheit (engl.: International Classification of Functioning, Disability and Health)
IQ	Intelligenzquotient
KMK	Kultusministerkonferenz
NAP	Nationaler Aktionsplan
SGB	Sozialgesetzbuch
SGB III	Drittes Buch Sozialgesetzbuch – Arbeitsförderung
SGB VIII	Achtes Buch Sozialgesetzbuch – Kinder- und Jugendhilfe
SGB IX	Neuntes Buch Sozialgesetzbuch – Rehabilitation und Teilhabe von Menschen mit Behinderungen
SGB XII	Zwölftes Buch Sozialgesetzbuch – Sozialhilfe
UN	United Nations (Vereinte Nationen)
UN-BRK	UN-Behindertenrechtskonvention (Übereinkommen über die Rechte von Menschen mit Behinderungen der Vereinten Nationen)

1 Einleitung

„Wer Inklusion will, sucht Wege, wer sie verhindern will, sucht Begründungen." (Hüppe 2011).

Vor zehn Jahren trat das Übereinkommen über die Rechte von Menschen mit Behinderungen der Vereinten Nationen – UN-Behindertenrechtskonvention (UN-BRK) – in Deutschland in Kraft. Autoren[1] und Wissenschaftler unterschiedlicher Professionen resümieren die Verwirklichung der Rechte von Menschen mit Teilhabebeeinträchtigung hinsichtlich der vergangenen Dekade. Dabei beziehen sich die Auswertungen und Diskussionen zur Inklusion meist auf allgemeinbildende Schulen (vgl. Bylinski & Rützel 2016: S. 10). Das Augenmerk liegt auf der Einbeziehung von Schülern mit einer Teilhabebeeinträchtigung in eine Regelklasse.

Doch welche Wege wurden in den letzten zehn Jahren hinsichtlich einer inklusiven Berufsausbildung gesucht? Das Thema Inklusion in der Berufsausbildung fand bisher in den Diskussionen wenig Beachtung. Dabei spielt der Zugang zum Arbeitsmarkt durch eine Ausbildung hinsichtlich der Teilhabe an der Gesellschaft eine große Rolle. Junge Erwachsene, die aufgrund einer Beeinträchtigung daran behindert werden, eine Berufsausbildung zu absolvieren, sind Exklusionsrisiken ausgesetzt. Ausbildung und Arbeit sowie der Verdienst des Lebensunterhaltes verschafft soziale Zughörigkeit und gesellschaftliche Anerkennung (vgl. Deutsches Institut für Menschenrechte 2019: S. 38). Auch aufgrund der sich weiter verschärfenden Situation des Fachkräftemangels in Deutschland ist die Betrachtung der inklusiven Berufsausbildung hinsichtlich des Ausschöpfens ungenutzten Potenzials wichtig.

In der vorliegenden Arbeit erfolgt die Betrachtung der Umsetzung der UN-BRK hinsichtlich der Ausbildung junger Erwachsener durch Sekundärforschung. Ziel der Arbeit ist die Auseinandersetzung mit den Vorgaben der UN-BRK bezüglich einer inklusiven Berufsausbildung und dem Abgleich mit den bisher erreichten oder verfehlten Zielen. Diesbezüglich soll insbesondere beantwortet werden, welche Bedeutung die UN-BRK hinsichtlich der Berufsausbildung hat, wie sich die aktuelle Situation für junge Erwachsene mit einer Teilhabebeeinträchtigung in Berufsausbildung darstellt und welche Schritte zu einer inklusiven Berufsausbildung notwendig sind.

---

[1] Aus Gründen der besseren Lesbarkeit wird auf die gleichzeitige Verwendung personenspezifischer Sprachformen verzichtet. Sämtliche Personenbezeichnungen gelten gleichwohl für jedes Geschlecht.

An dieser Stelle erfolgt eine Erläuterung zum bereits verwendeten Begriff der Teilhabebeeinträchtigung. Dieser ersetzt, soweit es möglich ist, in dieser Arbeit den Begriff der Behinderung. Hierdurch soll das neue Verständnis von Behinderung, welches u. a. durch die UN-BRK geprägt ist, durch die Verwendung des Begriffs Teilhabebeeinträchtigung demonstriert werden. Denn nicht der Mensch ist aufgrund seiner individuellen Beeinträchtigung behindert, sondern seine Teilhabe an der Gesellschaft wird beeinträchtig in Wechselwirkung mit umweltbedingten Barrieren. Der Blick wird auf die Inklusion als gesellschaftliche Aufgabe gelenkt. Die durchgängige Verwendung des Begriffs stößt jedoch an seine Grenzen. Zum Beispiel bei der Verwendung von feststehenden Begriffen wie Behindertenrechtskonvention oder bei der Zitation von Gesetzestexten, in denen der Begriff der Behinderung verankert ist.

Die vorliegende Arbeit beginnt mit der Darstellung der historischen Entwicklung von der Extinktion zur Inklusion und dem darin implizierten Paradigmenwechsel. Im Anschluss folgen Grundlagen zum gegenwärtigen Verständnis von Teilhabebeeinträchtigung durch die Erläuterung relevanter Bezugsquellen. Des Weiteren wird auf die verschiedenen Arten von Beeinträchtigungen eingegangen. Kapitel drei beschäftigt sich mit der UN-BRK im Allgemeinen und hinsichtlich der für die Berufsausbildung relevanten Artikel. Im anschließenden Kapitel wird die gegenwärtige Ausbildungssituation für junge Erwachsene mit Teilhabebeeinträchtigung beschrieben. Zunächst wird die Zielgruppe beschrieben, bevor die unterschiedlichen Ausbildungsformen näher erläutert werden. Dies bildet die Grundlage für die darauf folgende Betrachtung der Umsetzung der UN-BRK in Deutschland in Bezug zur Berufsausbildung. Die daraus erarbeiteten notwendigen Schritte hin zu einer inklusiven Berufsausbildung werden im letzten Kapitel hinsichtlich notwendiger struktureller Rahmenbedingungen und inklusiver Ausbildungskonzepte beschrieben. Abschließend wird auf die Professionalisierung pädagogischer Fachkräfte eingegangen, welche notwendig ist, um die Inklusion von jungen Erwachsenen mit Teilhabebeeinträchtigung in der Berufsausbildung voranzutreiben.

2 Grundlagen zur Teilhabebeeinträchtigung

Menschen mit Teilhabebeeinträchtigungen hatten bisher unterschiedliche Möglichkeiten mit ihren individuellen Eigenschaften und Voraussetzungen am gesellschaftlichen Leben teilhaben zu können. Nachfolgend wird der zurückliegende Differenzierungsprozess zwischen den Paradigmen Extinktion, Exklusion, Separation, Integration und Inklusion beschrieben. Im Anschluss wird das gegenwärtige Verständnis von Teilhabebeeinträchtigung anhand der drei Bezugsquellen Internationale Klassifikation der Funktionsfähigkeit, Behinderung und Gesundheit (ICF), Sozialgesetzbuch (SGB) und UN-BRK dargestellt und die Beeinträchtigungsformen beschrieben. Das zweite Kapitel endet mit der Darlegung der rechtlichen Grundlagen für Menschen mit Beeinträchtigungen im deutschen Bildungswesen, zu dem auch der Ausbildungsbereich zählt.

2.1 Historische Entwicklung und Paradigmenwechsel

Im Folgenden werden die Begriffe Extinktion, Exklusion, Separation, Integration und Inklusion beschrieben. Diese Begriffe beschreiben die Wahrnehmung von und den Umgang der Gesellschaft mit Menschen mit Teilhabebeeinträchtigungen. Innerhalb des Abgrenzungsprozesses der jeweiligen Begriffe werden die verschiedenen gesellschaftlichen Paradigmenwechsel deutlich.

2.1.1 Extinktion

Historisch betrachtet wurden die Rechte von Menschen mit Teilhabebeeinträchtigungen oftmals beschnitten. Sie zählen zu einer Gruppe, die Stigmatisierung und Diskriminierung erlebten und teilweise bis heute noch erleben. Wie nachfolgend beschrieben wurde ihnen in bestimmten Zeiten jegliches Lebensrecht abgesprochen und sie wurden getötet, wodurch sich der Begriff Extinktion (lat. extinctio = Auslöschung) ableiten lässt. Im Altertum und Mittelalter wurden Menschen getötet, da eine Beeinträchtigung als eine Strafe der Götter bzw. des christlichen Gottes angesehen wurde (vgl. Baum 2017: S. 439).

Zur Zeit des Nationalsozialismus in Deutschland, wiederholte sich die Ansicht, es sei besser Menschen mit Teilhabebeeinträchtigungen zu töten, anstatt sie gleichberechtigt am gesellschaftlichen Leben teilhaben zu lassen. Sozialdarwinistische Denkmodelle bereiteten den Weg zum nationalsozialistischen Menschenbild (vgl. Kracke & Sasse 2019: S. 225). So erschien 1920 das Buch „Die Freigabe der Vernichtung lebensunwerten Lebens" (Binding & Hoche). In dieser über Jahre entstandenen menschenrechtsverletzenden Atmosphäre wurde 1939 von Hitler der Euthanasiebefehl erlassen und Menschen mit Teilhabebeeinträchtigungen wurden im Zuge der nationalsozialistischen Rassenhygiene systematisch ermordet. Der Pädagoge und Autor Speck bezeichnet diese Jahre als eine „Katastrophe der Menschlichkeit" (Speck 2008: S. 149).

Gegenwärtig spielt das Infragestellen des unbedingten Lebensrechts in der Pränataldiagnostik eine Rolle. Wird während der Schwangerschaft eine Beeinträchtigung beim ungeborenen Kind festgestellt, kann ein Schwangerschaftsabbruch mit der medizinischen Indikation der Mutter begründet werden. Die Abtreibung kann in diesem Fall bis kurz vor der Geburt erfolgen (vgl. § 218a Abs. 2 StGB). Der bekannte und umstrittene australische Philosoph Peter Singer gilt als einer der Fürsprecher der Euthanasie. Er sieht es als ethisch vertretbar an, wenn Kinder mit einer schweren Beeinträchtigung nach der Geburt getötet werden (vgl. Speck 2008: S. 151).

Nach der Betrachtung der Extinktion wird im folgenden Kapitel die Exklusion thematisiert. Im Rahmen dieser werden Menschen mit Teilhabebeeinträchtigungen zwar das Recht auf Leben zugesprochen, jedoch bleiben sie von bestimmten gesellschaftlichen Bereichen ausgeschlossen.

2.1.2 Exklusion

In den 90er Jahren beschäftigte sich die sozialtheoretische Systemtheorie mit dem Begriff der Exklusion (lat. excludere = ausschließen, hindern). Der Soziologe Luhmann prägte den Begriff Exklusion als Gegenstück zur Inklusion und stellte gleichzeitig fest, dass jedes Sozial-system Inklusion und Exklusion beinhaltet (vgl. Luhmann 1995: S. 237 ff.).

In Bezug auf Menschen mit Teilhabebeeinträchtigungen bedeutet Exklusion soziale Ausgrenzung und der Verlust von Teilhabechancen (vgl. Terfloth 2017: S. 73) und wird in der aktuellen sozialpolitischen Diskussion negativ betrachtet. Jedoch wird der Exklusion auch die Funktion der Komplexionsreduktion zugeschrieben. So bildete z. B. die Sonderpädagogik innerhalb des Bildungs- und Erziehungssystem kleinere Bereiche, um den vollständigen Ausschluss aus dem System zu verhindern (vgl. ebd. S. 75).

Tabelle 1 zeigt die Qualitätsstufen der Behindertenpolitik nach Wocken. Hier wird der Exklusion das Recht auf Leben zugeordnet. Jedoch bleiben nach Wocken die Rechte auf Bildung, Gemeinsamkeit und Teilhabe sowie Selbstbestimmung und Gleichheit verwehrt (vgl. Wocken 2010: S. 14).

Stufe	Rechte
4.) Inklusion	Recht auf Selbstbestimmung und Gleichheit
3.) Integration	Recht auf Gemeinsamkeit und Teilhaben
2.) Separation	Recht auf Bildung
1.) Exklusion	Recht auf Leben
0.) Extinktion	keine Rechte

Tabelle 1: Qualitätsstufen der Behindertenpolitik und -pädagogik (Wocken 2010: S. 14)

Nach Wocken befindet sich die Separation auf der nächsten Stufe. Diese wird folgend beschrieben.

2.1.3 Separation

Die Anfänge der Heilpädagogik im 16. Jahrhundert entstanden mit dem Blick auf somatisch bedingte Teilhabebeeinträchtigungen, wie Blindheit, Gehörlosigkeit oder kognitive Retardierungen (vgl. Biewer 2017: S. 14). Mit der Absicht, eine möglichst spezifische Förderung für die jeweilige Zielgruppe zu erbringen, wurden die Gruppen separiert (lat. separatio = absondern) erzogen und später beschult. Dieses System wurde jahrhundertelang angewendet und weiterentwickelt. Das Sonderschulwesen wurde in Deutschland nach dem zweiten Weltkrieg ausgebaut. Es wurde sich an der Form der Beeinträchtigung orientiert und unterschiedliche Förderschwerpunkte entwickelt. Somit hatte die Separation, den Zugang zu einer spezifischen Bildung im geschützten Raum für Kinder- und Jugendliche mit einer Teilhabebeeinträchtigung, zur Folge. Das Prinzip der Separation bleibt jedoch, trotz aktueller Inklusionsbemühungen, in Teilbereichen bestehen und somit auch eine Ungleichbehandlung von Menschen mit und ohne Teilhabebeeinträchtigung. Aus heutiger Sicht ist der Nutzen der damaligen Intention des geschützten Bereiches für Schüler mit einer Teilhabebeeinträchtigung zu hinterfragen. Die Politikerin und Pädagogin Schumann beschreibt dies treffend mit dem Begriff „Schonraumfalle" (Schumann 2007: S. 15). Sie stellt klar, dass gegenüber positiver Effekte eines Schonraums vielmehr Belastungseffekte durch den Status des Sonderschülers und durch schwerwiegende gesellschaftliche Benachteiligungen eintreten (vgl. Schumann 2007: S. 16). Auch im außerschulischen Bereich wurden solche vermeintlichen Schonräume eingerichtet und über Jahrhunderte entwickelt. Heilpädagogische Wohnheime, Tagesstätten und Werkstätten bleiben ebenfalls Sondereinrichtungen in von Menschen ohne Teilhabebeeinträchtigungen separierten Orten. Ein Ausweg aus der Alternativlosigkeit vorgegebener ausgrenzender Strukturen sollte die Integration bieten.

2.1.4 Integration

Die Voraussetzung von Integration (lat. integratio = Wiederherstellung eines Ganzen) ist die Separation, denn die Wiederherstellung eines Ganzen deutet darauf hin, dass vorher verschiedene voneinander getrennte Teile existierten. Diesbezüglich kann eine Unterscheidung zur Inklusion festgestellt werden, „[...] bei der von vornherein auf jegliche Form von Aussonderung bzw. Separation verzichtet wird." (Heimlich 2016: S. 118).

Das Normalisierungsprinzip, welches in Dänemark in den 1950er Jahren entwickelt wurde, ging als Reformkonzept der Integration voraus. Es forderte ein Leben für Menschen mit Teilhabebeeinträchtigungen entsprechend allgemein anerkannter Lebensbedingungen in den Bereichen Bildung, Arbeit, Wohnen und Freizeit. Das gesteckte Ziel, die Reform von Hilfestrukturen und die Haltung einer Bürgerrechtsperspektive war beachtlich, angesichts des damals üblichen biologistischen und defizitären Menschenbildes. Somit ist es nicht verwunderlich, dass damalige zukunftsweisende Forderungen, die Formulierungen der Jahrzehnte später verfassten UN-BRK prägten (vgl. Franz & Beck 2016: S. 103).

In Deutschland wurde die Integration zu Beginn der 1970er Jahre von Initiativen vorangetrieben, die sich gegen die Separation von Menschen mit Teilhabebeeinträchtigungen einsetzten und 1985 zu Arbeitsgemeinschaften zusammenschlossen. Insbesondere dem Einsatz der Eltern von Kindern mit Teilhabebeeinträchtigungen ist es zu verdanken, dass in den 1970er und 1980er Jahren die ersten Integrationsklassen in Grundschulen eingerichtet wurden (vgl. Roebke & Hüwe 2009). Gegen die Aussonderung aus weiteren Lebensbereichen kämpften Initiativen, die von erwachsenen Menschen mit Teilhabebeeinträchtigungen gegründet wurden. Es wurden daraufhin zwar Klassen eingerichtet, in denen Kinder mit und ohne Teilhabebeeinträchtigungen unterrichtet und damit separierende Strukturen aufgeweicht wurden, jedoch ohne das selektierende Schulsystem grundlegend zu hinterfragen (vgl. Rohrmann 2017: S. 143). Eine umfängliche Integration, welche die Leitidee damaliger Initiativen war und das umschreibt was Inklusion heute meint, konnte nicht erreicht werden. Es gab bereits pädagogisch fundierte

Theorien, z. B. von dem Pädagogen Feuser, zur integrativen Pädagogik und Didaktik (vgl. Feuser 1989: S. 4 ff.). Dieser verstand den Begriff der Integration in voller Konsequenz bezüglich einer Pädagogik, durch die alle Menschen auf ihrem jeweiligen Entwicklungsniveau kooperativ miteinander an und mit einem gemeinsamen Gegenstand spielen, lernen, studieren und arbeiten (vgl. Feuser 1995: S. 173 f.). Auch Speck verstand soziale Integration bereits 1974 nicht als Einpassung teilhabebeeinträchtigter Menschen in Lebensumstände von Menschen ohne Teilhabebeeinträchtigungen, sondern als einen Wechselwirkungsprozess (vgl. Speck 1974: S. 151). Damit drückten sie in Teilen wesentliche Punkte des inklusiven Verständnisses von heute aus, welche jedoch durch das separierende System nicht zur Geltung kommen konnten. Heimlich stellt fest, dass Integration eine individuumsbezogene Maßnahme bleibt, aber Strukturen und Systeme nicht verändert werden konnten und der Inklusion vorbehalten bleibt (vgl. Heimlich 2016: S. 118). Somit konnte keine flächendeckende Integration stattfinden.

Die Ratifizierung der UN-BRK in Deutschland im Jahre 2009 gilt als Meilenstein in der Umsetzung von Menschenrechten, Chancengleichheit und gleichberechtigter Teilhabe und löst in Form eines völkerrechtlich verbindlichen Vertrages die Integration durch die Inklusion ab.

2.1.5 Inklusion

Der Begriff Inklusion (lat. inlcusio = einschließen, einbeziehen) ist seit der UN-BRK in der Gesellschaft verbreitet und wird in politischen und pädagogischen Bezügen diskutiert. Er existierte jedoch schon vorher als Gegenbegriff zur Exklusion in soziologischen Zusammenhängen, wie z. B. in der Systemtheorie Luhmanns (vgl. Biewer & Schütz 2016: S. 123). Inklusion steht also im Gegensatz zur Exklusion für ein gesellschaftliches Leitbild, in dem jeder Mensch gleichberechtigt dazugehört.

Ende der 1980er und Anfang der 1990er Jahre entstanden in Nordamerika und Großbritannien Diskussionen, in denen der Begriff Inklusion in schulischen Bildungskontexten von Menschen mit Teilhabebeeinträchtigungen stand. Nach Deutschland gelangte der Begriff der Inklusion im schulpolitischen Zusammenhang durch die 1994 erfasste Salamanca-Erklärung. Diese wurde während einer Konferenz der Organisation der Vereinten Nationen für Bildung, Wissenschaft und Kultur mit dem Zweck verfasst, dass alle Kinder, unabhängig von ihren Fähigkeiten in Schulen aufgenommen werden und zielte auf grundlegende Schulreformen ab. Doch auch nach der Salamanca-Erklärung und der im selben Jahr durchgeführten Verfassungsreform in Deutschland, welche mit Artikel 3 Absatz 3 Satz 2 des

Grundgesetzes ein Verbot, Menschen wegen ihrer Behinderung zu benachteiligen, festlegte, fand die gewünschte Umsetzung von Inklusion in die Praxis nicht statt (vgl. Aichele 2019: S. 4). In 2005 wurde die Zielgruppe der Salamanca-Erklärung erweitert. Nicht nur Kinder und Jugendliche mit Teilhabebeeinträchtigungen, sondern auch andere, die aus ethnischen, religiösen, sprachlichen oder armutsbedingten Gründen von Ausschluss bedroht sind, werden berücksichtigt (vgl. Biewer & Schütz 2016: S. 124). Somit wurde Inklusion in den letzten Jahrzehnten stets weiterentwickelt. Opertti, Walker und Zhang (2014) sehen Inklusion als einen Prozess, der sich durch vier Kernideen entwickelt hat, welche in Bezug zu internationalen Schlüsseldokumenten und Erklärungen der Vereinten Nationen (UN) stehen (vgl. S. 150 ff.). Zunächst gibt es die Idee, welche auf den nachdrücklichen Erklärungen der Menschenrechte durch die UN 1948 und durch die Kinderkonvention von 1989 basiert. In der zweiten Idee wird Inklusion als Antwort auf die besonderen Bedürfnisse von Schülern betrachtet, welche u. a. durch die Salamanca-Erklärung und die UN-BRK manifestiert wurde. Die dritte Idee betrachtet Inklusion als Antwort auf marginalisierte Gruppen und die vierte Idee sieht Inklusion als Transformation des gesamten Bildungssystems (vgl. ebd.). Insbesondere die dritte und vierte Perspektive unterscheiden sich zum Erkenntnisstand der Integration. Die Inklusion beinhaltet den Einbezug von komplexeren Heterogenitätsfaktoren und der Diversität, außerhalb der Kategorie Teilhabebeeinträchtigung. Des Weiteren möchte Inklusion Lernende nicht in ein bestehendes System integrieren, sondern das Bildungssystem dahingehend ausrichten, dass Bedürfnisse von Lernenden zur Geltung kommen (vgl. Bylinski 2015: S. 10).

Trotz der Einführung des Neunten Buch Sozialgesetzbuch (SGB IX) zur Rehabilitation und Teilhabe von Menschen mit Behinderungen im Jahr 2001 wurden Rechte von Menschen mit Teilhabebeeinträchtigungen vor Einführung der UN-BRK in 2009 in Deutschland nicht als Querschnittsthema, welches alle Lebensbereiche erfasst, begriffen (vgl. Aichele 2019: S. 4).

Erst mit der UN-BRK wurde Inklusion von einem Leitbild zu einem Rechtsbegriff weiterentwickelt. Durch den drängenden Hinweis auf die Beachtung von Menschenrechten als Grundlage der UN-BRK bekommt der Inklusionsbegriff einen bindenden Charakter. Inklusion wird dadurch zu einem verbindlichen Auftrag des Staates, der dafür zu sorgen hat, dass Voraussetzungen für eine inklusive Gesellschaft geschaffen werden (vgl. Rudolf 2017: S. 36).

Die dargestellten historischen Entwicklungen sind die Grundlage für das gegenwärtige Verständnis von Teilhabebeeinträchtigungen. Dieses wird im nächsten Kapitel dargestellt.

2.2 Gegenwärtiges Verständnis von Teilhabebeeinträchtigung

2.2.1 Relevante Bezugsquellen

Die vier Bezugsquellen ICF, SGB IX, Drittes Buch Sozialgesetzbuch (SGB III) zur Arbeitsförderung und UN-BRK haben für die vorliegende Arbeit eine Relevanz bezüglich des gegenwärtigen Verständnisses von Teilhabebeeinträchtigung sowie der gesetzlichen Regelungen im Bereich der beruflichen Ausbildung.

Die ICF der Weltgesundheitsorganisation von 2001 dient als Instrument zur Beschreibung der Funktionsfähigkeit von Menschen. Der Klassifikation liegt ein bio-psycho-soziales Modell zugrunde. Es werden Aspekte zu Körperfunktionen und Körperstrukturen, Aktivitäten und Teilhabe, sowie Umweltfaktoren beschrieben. Bergest und Boenisch sehen nicht nur durch die umfassende Differenzierung der Klassifikation und der daraus resultierenden Möglichkeiten der Rehabilitation einen Vorteil, sondern auch, dass durch die Anwendung der ICF Stigmatisierungen gemindert werden können (vgl. Bergeest & Boenisch 2019: S. 22). Es dient nicht nur als Instrument in der gesundheitlichen Versorgung, sondern auch als Instrument für die Politikgestaltung und Planung der sozialen Sicherheit sowie als pädagogisches Instrument z. B. für die Lehrplanentwicklung (vgl. Deutsches Institut für Medizinische Dokumentation und Information 2005). Gegenwärtig gilt sie in der Sozialgesetzgebung als Maßstab für die Entwicklung neuer Gesetze, Richtlinien und Verordnungen (vgl. Bundesarbeitsgemeinschaft für Rehabilitation e. V. 2015: S. 34).

Vor dem Hintergrund, dass Umweltfaktoren auf der einen Seite zu Förderfaktoren werden können, wenn sie sich positiv auf die funktionale Gesundheit auswirken und auf der anderen Seite Barrieren darstellen können, wenn sie sich negativ auswirken erläutert Schuntermann den speziellen Behinderungsbegriff der ICF:

„Wird nur das Ergebnis der negativen Wechselwirkung zwischen einer Person mit einem Gesundheitsproblem und ihren Kontextfaktoren auf ihre Teilhabe an einem Lebensbereich betrachtet, dann wird vom speziellen Behinderungsbegriff der ICF gesprochen." (Schuntermann 2013: S. 36).

Der Begriff der Teilhabebeeinträchtigung des SGB IX ist wie folgt beschrieben:

> „Menschen mit Behinderungen sind Menschen, die körperliche, seelische, geistige o-
> der Sinnesbeeinträchtigungen haben, die sie in Wechselwirkung mit einstellungs-
> und umweltbedingten Barrieren an der gleichberechtigten Teilhabe an der Gesell-
> schaft mit hoher Wahrscheinlichkeit länger als sechs Monate hindern können. Eine
> Beeinträchtigung nach Satz 1 liegt vor, wenn der Körper- und Gesundheitszustand
> von dem für das Lebensalter typischen Zustand abweicht. Menschen sind von Behin-
> derung bedroht, wenn eine Beeinträchtigung nach Satz 1 zu erwarten ist." (§ 2 Abs. 1
> SGB IX)

Auch in dieser Definition werden nicht nur in der Person liegende Faktoren berücksichtigt, sondern ebenfalls die Wechselwirkung mit Umweltfaktoren. Jedoch unter-
scheidet sich diese Definition von der ICF-Definition in drei Punkten. Im SGB IX
kommt das Prinzip der Altersinäquivalenz (Abweichung von dem für das Lebens-
alter typischen Zustands) und ein zeitlicher Bezug (Hinderung an der gleichberechtigten Teilhabe länger als sechs Monate) hinzu (vgl. Schuntermann 2013: S. 38).
Außerdem erweitert sich der Personenkreis im SGB IX. Nicht nur von Beeinträchtigung Betroffene, sondern auch von Beeinträchtigung bedrohte Personen zählen
zum Personenkreis.

Im SGB III wird auf dieses Verständnis von Teilhabebeeinträchtigung Bezug ge-
nommen. Hier wird jedoch nur die Teilhabe am Arbeitsmarkt berücksichtigt:

> „(1) Behindert im Sinne dieses Buches sind Menschen, deren Aussichten, am Arbeits-
> leben teilzuhaben oder weiter teilzuhaben, wegen Art oder Schwere ihrer Behinde-
> rung im Sinne von § 2 Abs. 1 des Neunten Buches nicht nur vorübergehend wesent-
> lich gemindert sind und die deshalb Hilfen zur Teilhabe am Arbeitsleben benötigen,
> einschließlich lernbehinderter Menschen.
>
> (2) Behinderten Menschen stehen Menschen gleich, denen eine Behinderung mit den
> in Absatz 1 genannten Folgen droht." (§ 19 Abs. 1 u. 2 SGB III)

Die UN-BRK verzichtet bewusst auf eine festgelegte Definition von Teilhabebeeinträchtigung, indem die Autoren in der Präambel anerkennen, „[...] dass das Verständnis von Behinderung sich ständig weiterentwickelt [...]" (Präambel UN-BRK).
Jedoch kann man in Artikel 1 erkennen, dass die UN-BRK auf dem Verständnis der
ICF basiert (vgl. Knospe & Papadopoulos 2015: S. 81):

> „[...] Zu den Menschen mit Behinderungen zählen Menschen, die langfristige kör-
> perliche, seelische, geistige oder Sinnesbeeinträchtigungen haben, welche sie in
> Wechselwirkung mit verschiedenen Barrieren an der vollen, wirksamen und

gleichberechtigten Teilhabe an der Gesellschaft hindern können." (Artikel 1 UN-BRK).

Auch hier ist die Wechselwirkung zwischen individueller Beeinträchtigung und gesellschaftlichen Barrieren wesentlich für das Verständnis von Teilhabebeeinträchtigung.

In allen Begriffsbestimmungen geht es nicht mehr um eine ausschließlich medizinisch-defizitäre Sicht auf Menschen.

Die individuellen Beeinträchtigungen werden in der UN-BRK und in dem SGB IX mit körperlichen, seelischen, geistigen oder Sinnesbeeinträchtigungen umfasst. Wie sich diese im Einzelnen bestimmen lassen wird im nächsten Kapitel erläutert. Da es für das Verständnis der in der vorliegenden Arbeit beschriebenen Zielgruppe, junge Menschen mit Beeinträchtigungen in Ausbildung, von Relevanz ist, wird auch der Begriff der Lernbeeinträchtigung bestimmt.

2.2.2 Körperliche, seelische, geistige, Lern- und Sinnesbeeinträchtigung

2.2.2.1 Körperliche Beeinträchtigungen

Menschen mit einer körperlichen Beeinträchtigung sind von einer körperlichen Schädigung oder einer chronischen Erkrankung betroffen, die seit Geburt an besteht oder zu einem anderen Zeitpunkt eingetreten ist. Die Schwere der Beeinträchtigung, welche meist die Funktion des Stütz- und Bewegungsapparats oder innerer Organe betrifft, kann unterschiedlich ausfallen und vorübergehend oder andauernd bestehen (vgl. Bergeest & Boenisch 2019: S. 20).

Die körperliche Beeinträchtigung ist die am häufigsten vorkommende Beeinträchtigungsform in Deutschland. Laut statistischem Bundesamt lebten Ende 2017 7,8 Millionen Menschen mit einer Schwerbehinderung in Deutschland. 59 % dieser Menschen hatten eine körperliche Beeinträchtigung. Jedoch steigt die Anzahl der Menschen mit einer Schwerbehinderung im Alter deutlich an. Mehr als die Hälfte der Menschen mit einer Schwerbehinderung sind über 65 Jahre alt (vgl. Statistisches Bundesamt 2018).

2.2.2.2 Seelische Beeinträchtigung

Die Form der seelischen Beeinträchtigung ist schwer zu definieren, da es sich hierbei um subjektiv empfundene Wahrnehmungen handelt und die Ursachen sehr vielschichtig sind (vgl. Bundesarbeitsgemeinschaft der Integrationsämter und Hauptfürsorgestellen 2018: S. 367 f.). In der Literatur verwenden Autoren die

Begriffe seelische und psychische Beeinträchtigung sowie psychische Erkrankung oftmals synonym.

Speck (2008) sieht in psychischen Ursachen und Bedingungen, somatischen Schädigungen, psychosozialen und soziokulturellen Einflüssen die Entstehungsfaktoren einer psychischen Beeinträchtigung (vgl. S. 211).

Laut einer Studie der Deutschen Gesellschaft für Psychiatrie und Psychotherapie, Psychosomatik und Nervenheilkunde e. V. (DGPPN) sind Menschen zwischen 18 und 36 Jahren und mit einem niedrigen sozioökonomischen Status am meisten betroffen. Die Anzahl der Tage der Arbeitsunfähigkeit aufgrund psychischer Erkrankungen verdoppelte sich in den letzten 20 Jahren. Des Weiteren sind sie mit 43 % ursächlich für eine Frühverrentung. Die drei häufigsten psychischen Erkrankungen sind Angststörungen, affektive Störungen, wie z. B. Depressionen sowie Suchterkrankungen (vgl. DGPPN 2018: S. 10)

2.2.2.3 Geistige Beeinträchtigung

In den letzten Jahrzehnten haben sich einige Konzepte hinsichtlich einer Begriffsbestimmung zur geistigen Beeinträchtigung abgelöst. In der internationalen statistischen Klassifikation der Krankheiten und verwandter Gesundheitsprobleme, 10. Revision, German Modification, wird die geistige Beeinträchtigung zu den Intelligenzstörungen zugeordnet. Der Schweregrad wird durch Intelligenzquotient(IQ)-Tests festgestellt und je nach IQ in leichte bis schwerste Intelligenzminderung eingeteilt (vgl. Deutsches Institut für Medizinische Dokumentation und Information 2019).

Einige Autoren kritisieren eine auf IQ-Werten basierende Bestimmung, da sie kognitive Minderleistung beschreibt, jedoch kreative, emotionale oder soziale Kompetenzen nicht mit einbezogen werden (vgl. Theunissen 2016: S. 16). Theunissen schlägt gegenüber diesem defizitären und einseitigen Konzept vor geistige Beeinträchtigung als komplexes Phänomen zu betrachten. Er beschreibt dazu vier sich wechselseitig bedingende und verstärkende Faktoren. Faktor A umfasst biologische, physiologische, somatofunktionelle Faktoren, welche pränatal, perinatal oder postnatale Ursachen haben können. Der kognitive, sensorische, motorische und aktionale Lern- und Entwicklungsbereich beinhaltet Faktor B. Faktor C beschreibt die Kontextfaktoren hinsichtlich gesellschaftlicher Benachteiligung. Faktor D umfasst die Subjekt-Perspektive und meint z. B. die Selbst- und Fremdwahrnehmung und das Selbstkonzept (vgl. Theunissen 2016: S. 22 ff.).

2.2.2.4 Lernbeeinträchtigung

Lernbeeinträchtigung findet ihre Grenzen an den Rändern zur geistigen Behinderung und zu leicht ausgeprägten Lernstörungen. Lernbeeinträchtigung führt in bestimmten Lernsituationen ohne ein angemessenes Förderangebot zu erheblichen Problemen, die sich für den betroffenen Menschen negativ auf die Psyche und das Sozialverhalten auswirken können. Der Selbstwert ist oftmals durch Diffamierungen und Vorurteile eingeschränkt und kann zu Resignation oder aggressivem Verhalten führen (vgl. Eser 2006: S. 47 f.).

In der Abgrenzung zur geistigen Behinderung stellt Speck (2008) fest, dass bei einer geistigen Behinderung schwere zerebrale Schädigungen als Ursache angenommen werden, wohingegen bei einer Lernbeeinträchtigung Hirnfunktionsstörungen eher eine mit bedingende Funktion haben (vgl. S. 206). Bei der geistigen Behinderung spricht man von einem allgemeinen Entwicklungsrückstand, während Lernbeeinträchtigung „mehr partieller Art und auf bestimmte Lernleistungen beschränkt sind oder sein können" (ebd.).

2.2.2.5 Sinnesbeeinträchtigungen

Unter Sinnesbeeinträchtigungen sind die Beeinträchtigungen des Gesichtssinnes oder des Hörsinnes gemeint. Bei den Gesichtssinnbeeinträchtigungen wird unterschieden zwischen wesentlicher und hochgradiger Sehbeeinträchtigung sowie Blindheit. Bei der Bewertung werden insbesondere die Sehstärke und das Gesichtsfeld berücksichtig (vgl. Deutscher Blinden- und Sehbehindertenverband 2017: S. 29 ff.). Auch die Art und Weise wie die Umwelt erfahren wird, dient als Möglichkeit der Differenzierung. Während sich ein Mensch mit Sehbeeinträchtigung seine Umwelt über visuelle Reize erschließen kann, muss ein von Blindheit betroffener Mensch den Gesichtssinn z. B. durch den Tastsinn ersetzen (vgl. Biewer 2017: S. 52). Bei den Beeinträchtigungen des Hörsinnes wird zwischen Gehörlosigkeit und Schwerhörigkeit unterschieden. Die Unterscheidung zwischen Gehörlosigkeit und Schwerhörigkeit kann ebenfalls über die Form der Informationsaufnahme über die Umwelt erfolgen (vgl. ebd. S. 53).

2.2.3 Rechtliche Grundlagen im Bildungswesen

Die Feststellung einer Beeinträchtigung ist in Deutschland die Voraussetzung, um einen Anspruch auf Unterstützung geltend machen zu können. Menschen mit Beeinträchtigungen haben auf der Grundlage des SGB IX die Möglichkeit Leistungen zur Teilhabe zu beziehen sowie Angebote, von der für die jeweilige

Beeinträchtigungsform spezialisierte Institution, in Anspruch zu nehmen (vgl. Autorengruppe Bildungsberichterstattung 2014: S. 158). Wie in Abbildung 1 zu sehen, gelten im Bildungswesen jedoch weitere Bestimmungen, wie z. B. das Zwölfte Buch Sozialgesetzbuch zur Sozialhilfe oder das SGB III bezüglich der Erbringung von Eingliederungshilfen für Kinder- und Jugendliche mit Beeinträchtigungen. Außerdem finden im Schulalter die per Schulgesetz geregelten sonderpädagogischen Förderbedarfe Anwendung[2]. Im nachschulischen Bereich können Ansprüche auf Nachteilsausgleiche nach dem Berufsbildungsgesetz (BBiG) oder dem Landeshochschulgesetz geltend gemacht werden. Des Weiteren gibt es die Möglichkeit eine Ausbildung nach Sonderregelungen für Menschen mit einer Beeinträchtigung nach dem BBiG in Anspruch zu nehmen.

---

[2] Förderschwerpunkte in Deutschland: Lernen; Geistige Entwicklung; Emotionale und soziale Entwicklung; Sprache; Körperliche und motorische Entwicklung; Kranke; Hören; Lernen, Sprache, emotionale und soziale Entwicklung; Sehen (vgl. Euler & Severing 2014: S. 7).

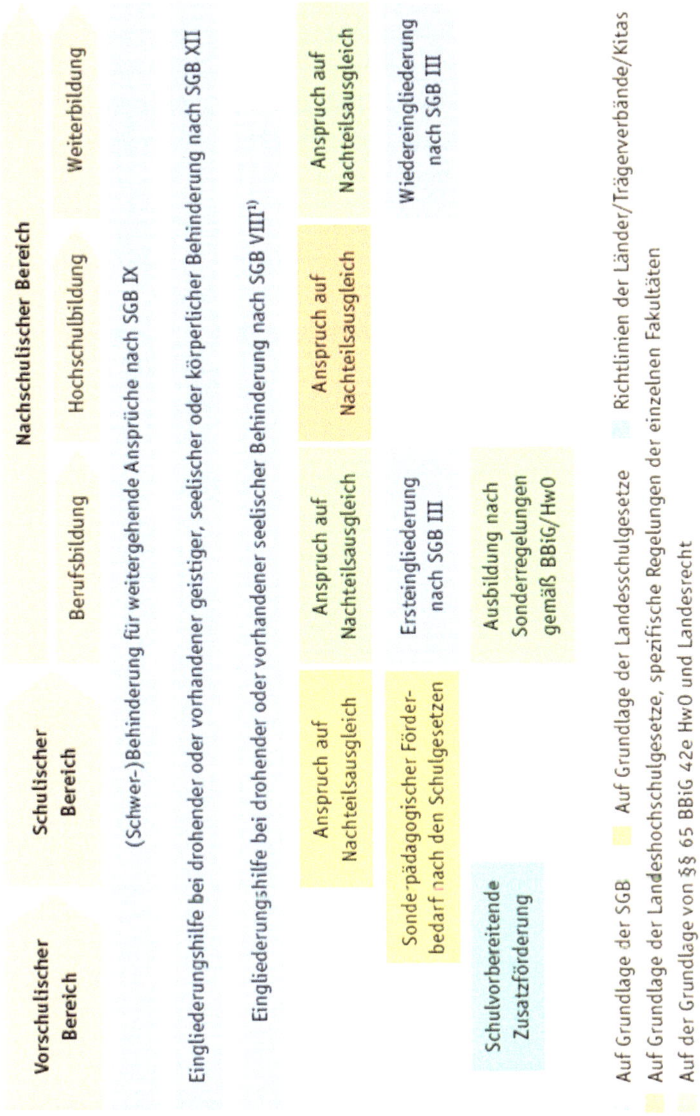

Abbildung 1: Übersicht über die rechtlichen Grundlagen für die Unterstützung von Menschen mit Behinderungen im Bildungswesen (Autorengruppe Bildungsberichterstattung 2014: S. 159)

Das Verständnis von Beeinträchtigungen in den einzelnen Bildungsbereichen variiert und es kommen jeweils unterschiedliche Diagnostikverfahren zum Einsatz. Durch das komplexe Bildungssystem und die teilweise nicht miteinander verbundenen Bereiche können Zuschreibungen in einem Bildungsbereich plötzlich auftreten und in einem anderen Bildungsbereich wieder verschwinden (vgl. Autorengruppe Bildungsberichterstattung 2014: S. 160 ff.).

Im nächsten Kapitel wird ausführlicher auf die UN-BRK eingegangen. Zunächst werden der Inhalt und die Umsetzung in Deutschland thematisiert. Im Anschluss werden die Artikel 24 und 27 der UN-BRK beleuchtet, welche für die Auseinandersetzung, bezüglich der Rechte von jungen Menschen in Ausbildung, in den darauffolgenden Kapiteln relevant sind.

3 Die UN-BRK

Vor zehn Jahren galt die UN-BRK als Meilenstein für Teilhabebeeinträchtigte in der Politik. Die Errungenschaft des zunächst auf Papier festgehaltenen Paradigmenwechsels bezüglich der Rechte für Menschen mit Teilhabebeeinträchtigungen schien groß. Die Euphorie machte sich auch durch einen Rekord bemerkbar. Als die Konvention der UN, welche in kürzester Zeit von der größten Anzahl von Erstunterzeichnerstaaten unterschrieben wurde, schreibt sie Geschichte (vgl. Degener 2015: S. 57). In diesem Kapitel werden die UN-BRK und deren Umsetzung in Deutschland näher beleuchtet.

3.1 Allgemeines und Inhalt

Im Dezember 2001 wurde ein Ausschuss durch die UN errichtet, welcher Vorschläge für eine Behindertenrechtskonvention erarbeitete. Im selben Jahr wurde eine Studie vom Hohen Kommissariat für Menschenrechte in Auftrag gegeben, welche die Anwendung der bereits bestehenden Menschenrechtsverträge hinsichtlich der Situation von Menschen mit Beeinträchtigungen untersuchte. Im Ergebnis wurde festgestellt, dass auf das Thema Beeinträchtigungen eine überwiegend medizinische Sicht vorherrscht (vgl. Degener 2009: S. 202). Der Entwurf der UN-BRK wurde zwischen 2002 und 2006 in acht mehrwöchigen Sitzungen entwickelt. Daran konnten sich alle 193 Mitgliedsstaaten der UN und Organisationen, welche sich für Menschenrechte einsetzen, beteiligen (vgl. Degener 2015: S. 56).

Während der Erarbeitung des Entwurfes zur UN-BRK wurde sich u. a. beim Thema Bildung darüber gestritten, ob eine umfängliche Inklusion in allen Bereichen zielführend sei oder ob spezifischen Gruppen ein Recht auf Sonderschule erhalten bleiben solle. Insbesondere die Blinden-, Taubblinden- und Gehörlosenverbände teilten die Meinung der meisten Diskussionsteilnehmer, Inklusion als Leitlinie zu setzen, nicht. Sie sahen in der gesonderten Beschulung die Sicherung von Bildung eher gegeben (vgl. Degener 2015: S. 57). Dieser Konflikt wurde schließlich zugunsten des inklusiven Verständnisses entschieden.

Die UN-BRK wurde im Dezember 2006 in New York durch die Generalversammlung der UN verabschiedet. Degener macht den Erfolg der Arbeit des Ausschusses nicht nur an dem „klaren menschenrechtlichen Paradigmenwechsel" (ebd.) fest, sondern auch an der hohen Anzahl der über 80 Erstunterzeichnerstaaten. Bis Juni 2019 haben 177 Staaten die UN-BRK durch den Abschluss eines völkerrechtlichen Vertrages ratifiziert und die Europäische Union hat diesen formal bestätigt (vgl. UN

Treaty Section 2019). In Deutschland wurde sie am 24. Februar 2009 ratifiziert und trat am 26. März 2009 in Kraft. Als Bundesgesetz ist sie verbindlich für Bund und Länder (vgl. Knospe & Papadopoulos 2015: S. 77).

Einige Verbände diskutierten nach Veröffentlichung der deutschen Version der UN-BRK die Übersetzung des englischen Adjektivs „inclusive" mit dem deutschen „integrativ" (vgl. Wansing 2015: S. 45). Dies wurde kritisiert, da dies dem Verständnis der Integration näher kommt als dem der Inklusion und insbesondere bezüglich des Rechts auf Bildung und Arbeit nicht zu einer angemessenen inklusiven Bewusstseinsbildung beiträgt. Rechtlich verbindlich sind jedoch die Versionen der UN-BRK, welche in den sechs UN-Sprachen verfasst wurden (englisch, französisch, spanisch, russisch, chinesisch und arabisch). Das Netzwerk Artikel 3, ein Verein für Menschenrechte und Gleichstellung Teilhabebeeinträchtigter, verfasste aus diesem Grund eine Schattenübersetzung, welche konsequent das Adjektiv inklusiv verwendet[3].

Die UN-BRK besteht aus dem Übereinkommen über die Rechte von Menschen mit Behinderungen und einem Fakultativprotokoll. Nach einer Präambel folgen zunächst die 50 Artikel der UN-BRK. Artikel 1 beschreibt den Zweck der UN-BRK, nämlich „den vollen und gleichberechtigten Genuss aller Menschenrechte und Grundfreiheiten durch alle Menschen mit Behinderungen zu fördern, zu schützen und zu gewährleisten und die Achtung der ihnen innewohnenden Würde zu fördern" (Art. 1 UN-BRK).

In Artikel 3 sind Grundsätze wie Achtung der Menschenwürde, Nichtdiskriminierung, Teilhabe, Achtung der Unterschiedlichkeit, Chancengleichheit und Zugänglichkeit aufgeführt. Die beiden letzten Grundsätze verweisen auf die Gleichberechtigung von Mann und Frau sowie auf die Beachtung der Entwicklung von Kindern mit Behinderung und ihres Rechts auf Wahrung ihrer Identität.

In Artikel 4 werden die Verpflichtungen beschrieben, zu welchen sich die Vertragsstaaten bekannt haben. Aichele (2008) nennt diesen Artikel „das rechtliche Herzstück der Konvention" (S. 6). Die Vertragsstaaten werden verpflichtet „die volle Verwirklichung aller Menschenrechte und Grundfreiheiten für alle Menschen mit Behinderungen ohne jede Diskriminierung aufgrund von Behinderung zu

---

[3] Gegenüberstellung des Artikel 24 der UN-BRK in der amtlichen deutschen Fassung, der Schattenübersetzung und der englischen Originalfassung: https://www.bpb.de/gesellschaft/bildung/zukunft-bildung/216492/un-behindertenrechtskonvention

gewährleisten und zu fördern." (Art. 4 Abs. 1 UN-BRK). Im Anschluss folgt Artikel 5 mit dem Recht auf Gleichberechtigung und Nichtdiskriminierung, welches sich in Artikel 6 und 7 mit der besonderen Beachtung der Rechte für Frauen und Kinder mit Teilhabebeeinträchtigungen spezifiziert.

Die Staaten haben sich ebenfalls dazu verpflichtet, das Bewusstsein für Menschen mit Teilhabebeeinträchtigungen in der Gesellschaft zu sensibilisieren und Stigmatisierungen zu verhindern. In Artikel 8 zur Bewusstseinsbildung werden geeignete Maßnahmen aufgezählt, wie z. B. die Einleitung angemessener Kampagnen oder die Aufforderung der Medien zu einer dem Zweck der UN-BRK entsprechenden Darstellungsweise von Menschen mit Teilhabebeeinträchtigungen.

Es folgen weitere Artikel, die sich z. B. mit der gleichen Anerkennung vor dem Recht (vgl. Art. 12 UN-BRK) und dem Zugang zur Justiz (vgl. Art. 13 UN-BRK) sowie mit Freiheit- und Schutzrechten beschäftigen. Nach den Artikeln 22 und 23 zu Achtung der Privatsphäre sowie der Wohnung und der Familie folgen weitere Rechte bezüglich unterschiedlicher Lebensbereiche. Diese sind z. B. Bildung (vgl. Art. 24 UN-BRK), Arbeit und Beschäftigung (vgl. Art. 27 UN-BRK) sowie Teilhabe am politischen und öffentlichen (vgl. Art. 29 UN-BRK) und kulturellen Leben oder Teilnahme an Erholungs-, Freizeit- und Sportaktivitäten (vgl. Art. 30 UN-BRK). In Artikel 33 werden die innerstaatliche Durchführung und Überwachung thematisiert. In den folgenden Artikeln wird u. a. die Einrichtung eines Ausschusses (vgl. Art. 34 UN-BRK) und die Zusammenarbeit zwischen Vertragsstaaten und Ausschuss (vgl. Art. 37 UN-BRK) beschrieben.

Das Fakultativprotokoll, welches von den Vertragsstaaten als eigenständiger, völkerrechtlicher Vertrag gesondert ratifiziert werden musste, regelt Beschwerde- und Untersuchungsverfahren des Ausschusses. Dieser nimmt Mitteilungen von Einzelpersonen oder Gruppen bezüglich Einzelbeschwerden von Menschenrechtsverletzungen sowie schwerwiegende oder systematische Verletzungen im Sinne der UN-BRK entgegen und prüft diese (vgl. Degener 2015: S. 68 f.).

Im nächsten Kapitel werden die Artikel 24, 26 und 27 der UN-BRK mit besonderem Augenmerk auf Bildung und Ausbildung junger Menschen näher beleuchtet.

3.2 Darstellung der Artikel 24, 26 und 27

Die von der UN-BRK formulierten Ziele zur Umsetzung von Rechten teilhabebeeinträchtigter Menschen in der beruflichen Ausbildung sind insbesondere in Artikel 24 zum Thema Bildung, in Artikel 26 bezüglich Habilitation und Rehabilitation und Artikel 27 hinsichtlich dem Aspekt der Arbeit zu finden. Diese Artikel werden im Folgenden beschrieben.

Mit Artikel 24 der UN-BRK haben sich die Vertragsstaaten verpflichtet, das Recht von Menschen mit Teilhabebeeinträchtigungen auf Bildung anzuerkennen und ein inklusives Bildungssystem zu gewährleisten. Damit soll u. a. das Ziel verfolgt werden, „Menschen mit Behinderungen zur wirklichen Teilhabe an einer freien Gesellschaft zu befähigen" (Art. 24 Abs. 1c UN-BRK). Menschen sollen nicht vom Unterricht ausgeschlossen werden, sondern „gleichberechtigt mit anderen in der Gemeinschaft, in der sie leben" (Art. 24 Abs. 2b UN-BRK) Zugang zu Unterricht erhalten. Um die Umsetzung zu ermöglichen, sollen Vorkehrungen getroffen werden, die die Bedürfnisse des Einzelnen beachten. Des Weiteren werden notwendige Maßnahmen wie die Sicherstellung geeigneter Kommunikationsformen oder -mittel beschrieben, welche spezifisch der Unterstützung von blinden, gehörlosen oder taubblinden Menschen dienen.

Absatz 4 des Artikels 24 thematisiert Maßnahmen zur Einstellung und Schulung von Lehr- und Fachkräften im Bildungswesen. Das pädagogische Personal soll geschult werden bezüglich der Bewusstseinsbildung für Teilhabebeeinträchtigungen sowie der Verwendung geeigneter Methoden, Kommunikationsmittel und Materialien.

Dass der Artikel 24 nicht nur für allgemeinbildende Schulen relevant ist wird in Absatz 5 deutlich:

> „Die Vertragsstaaten stellen sicher, dass Menschen mit Behinderungen ohne Diskriminierung und gleichberechtigt mit anderen Zugang zu allgemeiner Hochschulbildung, Berufsausbildung, Erwachsenenbildung und lebenslangem Lernen haben. Zu diesem Zweck stellen die Vertragsstaaten sicher, dass für Menschen mit Behinderungen angemessene Vorkehrungen getroffen werden." (Art. 24 Abs. 5 UN-BRK).

Somit zielt Absatz 5 auf den nachschulischen Bereich ab, in dem meist junge Erwachsene einen Abschluss in der Berufsbildung, Hochschulbildung oder Weiterbildung anstreben.

Artikel 26 beinhaltet Maßstäbe der Habilitation und Rehabilitation und fordert die Ausweitung der Dienste in den Bereichen Gesundheit, Arbeit, Bildung und Sozialdienste. Somit soll es Menschen mit Beeinträchtigung ermöglicht werden, an allen Aspekten des Lebens teilhaben zu können (vgl. Art. 26 Abs. 1 UN-BRK). Dabei sollen entsprechende Maßnahmen „ein Höchstmaß an Unabhängigkeit" (ebd.) für diese Personengruppe ermöglichen sowie wohnortnah zur Verfügung stehen und freiwillig genutzt werden können (vgl. Art. 26 Abs. 1b UN-BRK). Des Weiteren wird die Fortbildung der Fachkräfte in den entsprechenden Rehabilitationseinrichtungen vorausgesetzt (vgl. Art 26 Abs. 2 UN-BRK).

Artikel 27 der UN-BRK behandelt das Recht teilhabebeeinträchtigter Menschen auf Arbeit, welches den eigenen Verdienst des Lebensunterhalts, in einem offenen und zugänglichen Arbeitsmarkt ermöglichen soll. Absatz d behandelt ebenfalls das Thema Berufsausbildung. Menschen mit Teilhabebeeinträchtigungen soll der „[...] Zugang zu allgemeinen fachlichen und beruflichen Beratungsprogrammen, Stellenvermittlung sowie Berufsausbildung und Weiterbildung [...]" (Art. 27 Abs. 1d UN-BRK) ermöglicht werden.

Welche zuständigen Stellen für die Umsetzung der oben genannten Verpflichtungen der UN-BRK in Deutschland verantwortlich ist und welche Überwachungssysteme es gibt, wird im nächsten Kapitel beschrieben.

3.3 Zuständigkeiten und Umsetzung in Deutschland

Die in Artikel 33 beschriebene Durchführung und Überwachung der UN-BRK wird in Deutschland durch verschiedene Stellen ausgeführt (siehe Abbildung 2). Das Bundesministerium für Arbeit und Soziales (BMAS) fungiert als zentrale staatliche Anlaufstelle. Die staatliche Koordinierung übernimmt der Beauftragte der Bundesregierung für die Belange behinderter Menschen. Das Deutsche Institut für Menschrechte (DIMR) übernimmt die Über-wachung als unabhängige Monitoring-Stelle (vgl. Knospe & Papadopoulos 2015: S. 77 f.).

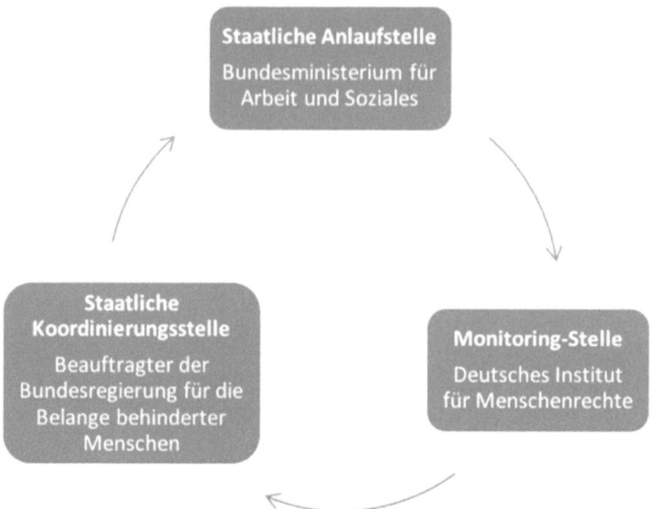

Abbildung 2: Innerstaatliche Umsetzung und Überwachung der UN-BRK (Eigene Darstellung).

Die Staatliche Anlaufstelle ist für die Durchführung der UN-BRK verantwortlich. Sie hat die notwendigen Maßnahmen zur Umsetzung gebündelt und daraus den Nationalen Aktionsplan (NAP) erstellt. Unterschiedliche staatliche Stellen wurden von der Anlaufstelle mit der Umsetzung der Maßnahmen beauftragt (vgl. Beauftragter der Bundesregierung für die Belange behinderter Menschen 2013).

Die Staatliche Koordinierungsstelle ist das Bindeglied zwischen der Zivilgesellschaft und den staatlichen Stellen. Sie besteht aus vier Fachausschüssen und dem Inklusionsbeirat. Hier arbeiten Menschen mit Teilhabebeeinträchtigungen mit, um die Maßnahmen bedürfnisorientiert entwickeln zu können. Zu den Hauptaufgaben zählen die Öffentlichkeitsarbeit und bewusstseinsbildende Maßnahmen (vgl. ebd.).

Die Monitoring-Stelle arbeitet unabhängig für die Einhaltung der Rechte von Menschen mit einer Teilhabebeeinträchtigung und überwacht durch Studien, Treffen mit Verbänden und Besuchen in Einrichtungen die Umsetzung der UN-BRK. Außerdem gibt sie Stellungnahmen und Empfehlungen ab. Die Monitoring-Stelle gibt des Weiteren dem Ausschuss der UN Auskunft über die Umsetzung der UN-BRK in Deutschland (vgl. DIMR o. J.).

Der erste Nationale Aktionsplan wurde am 15.6.2011 von der Bundesregierung verabschiedet und hat eine Laufzeit bis 2021. Dieser beinhaltete über 200 Maßnahmen, deren Umsetzung durch unterschiedliche Bundesressorts verantwortet werden. Durch die Entwicklung verschiedener Handlungsfelder, wie z. B. Arbeit und Beschäftigung, Bildung, Bauen und Wohnen, Mobilität, Kultur und Freizeit sowie die Verteilung der Verantwortlichkeiten auf unterschiedliche Ministerien wird deutlich, dass die Staatliche Anlaufstelle Inklusion als Querschnittsaufgabe wahrnimmt (vgl. BMAS 2016: S. 5 f.).

Am 28.6.2016 wurde der NAP 2.0 verabschiedet. Er ist eine Weiterentwicklung des ersten NAPs, in dem die Empfehlungen vom 13.5.2015 der ersten Staatenprüfung Deutschlands zur Umsetzung der UN-BRK eingearbeitet wurden. Im NAP 2.0 wirkten alle Bundesressorts mit, sodass der ressortübergreifende Ansatz noch weiter ausgebaut werden konnte (vgl. ebd.)

Die Stärkung der Berufsorientierung und Förderung der Ausbildung von Jugendlichen mit Beeinträchtigungen ist ein Handlungsschwerpunkt im Bereich Arbeit und Beschäftigung im NAP 2.0. Dazu wurden Maßnahmen wie z. B. ein Förderprogramm zur intensivierten Eingliederung und Beratung von schwerbehinderten und Stärkung der Berufsorientierung von teilhabebeeinträchtigten jungen Erwachsenen entwickelt.

Die gegenwärtige Ausbildungssituation für junge Menschen mit Teilhabebeeinträchtigungen wird im nächsten Kapitel thematisiert, um im Anschluss die Verwirklichung der Rechte bezüglich der Artikel 24 und 27 überprüfen zu können.

4 Gegenwärtige Ausbildungssituation

Die Untersuchung der Ausbildungssituation für Menschen mit Teilhabebeeinträchtigungen ist Gegenstand dieses Kapitels. Nach einer Zielgruppenbeschreibung werden die unterschiedlichen Übergangs- und Ausbildungsangebote nach dem Schulabgang dargestellt. Zum Abschluss werden aktuelle Entwicklungen des Ausbildungsmarktes in Deutschland betrachtet.

4.1 Zielgruppe

Ausgehend von dem Übergang teilhabebeeinträchtigter junger Menschen aus der Schule in die Ausbildung, wird die Zielgruppe zunächst anhand der Förderschwerpunkte während der Schulzeit beschrieben. Schüler mit einer Teilhabebeeinträchtigung erhielten in der allgemeinbildenden Schule eine Förderung aufgrund der Zuerkennung eines sonderpädagogischen Förderbedarfs. Abbildung 3 zeigt die Anzahl der Schüler mit einem Förderschwerpunkt in der Entwicklung zwischen den Schuljahren 2000/2001 und 2016/2017 (vgl. Autorengruppe Bildungsberichterstattung 2018: S. 103).

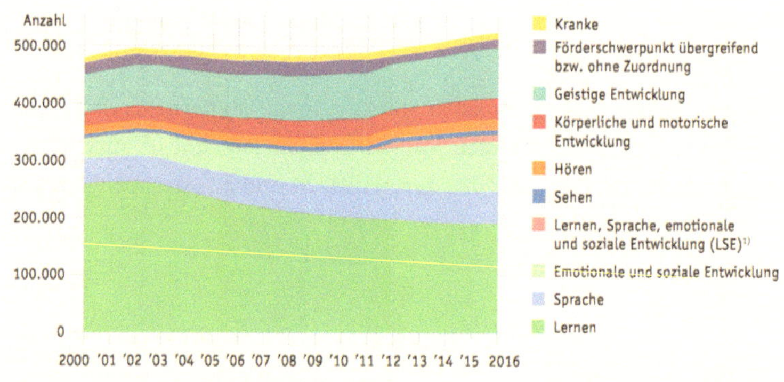

Abbildung 3: Schüler mit sonderpädagogischer Förderung 2000/01 bis 2016/17 nach Förderschwerpunkten. (Autorengruppe Bildungsberichterstattung 2018: S. 103)

Auch, wenn bei den Schülern mit Förderschwerpunkt Lernen ein Rückgang um 26 % festgestellt werden kann, wird diesem Förderschwerpunkt weiterhin der größte Anteil der Schüler zugeordnet. Im Bereich emotionale und soziale Entwicklung hat sich die Schülerzahl hingegen mehr als verdoppelt (vgl. ebd.).

Die Schulabgänger haben oftmals Schulbiografien durchlaufen, welche von Misserfolgen geprägt waren (vgl. Rathke & Stumpf 2018: S. 138). Die daraus entstandenen Versagensängste führen zu mangelndem Selbstvertrauen, welches sich wiederum in geringer Frustrationstoleranz und schwach ausgeprägten Kommunikations- und Teamfähigkeiten ausdrücken kann (vgl. ebd.). So haben junge Erwachsene, neben dem Unterstützungsbedarf aufgrund ihrer individuellen Teilhabebeeinträchtigung, insbesondere einen Bedarf an Förderung in den sozialen und personalen Kompetenzen (vgl. ebd. S. 139).

Die Zuschreibung durch einen Förderschwerpunkt wird nach dem Verlassen der Schule nicht weitergeführt (vgl. Euler & Servering 2014: S. 6). Die Schulabgänger mit einer Teilhabebeeinträchtigung, welche zukünftig durch einen Rehabilitationsträger gefördert werden, tragen die Bezeichnung Rehabilitand (vgl. ebd.). Sie können Leistungen zur Teilhabe am Arbeitsleben beantragen. Die berufliche Ersteingliederung wird fast ausschließlich von der Bundesagentur für Arbeit (BA) gefördert (vgl. Reims & Tisch & Tophoven 2016: S. 1). Ziel der beruflichen Ersteingliederung ist die dauerhafte Eingliederung junger Menschen am allgemeinen, staatlich nicht subventionierten Ausbildungs- und Arbeitsmarkt (vgl. Bundesarbeitsgemeinschaft der Integrationsämter und Hauptfürsorgestellen 2018: S. 129 ff.).

Wie in Abbildung 4 zu sehen haben die meisten jungen Erwachsenen in der Ersteingliederung eine Lernbehinderung. Auch hier ist in den letzten Jahren ein Rückgang zu verzeichnen. Der Anteil psychischer Beeinträchtigungen hingegen ist angestiegen sind. Eine ähnliche Entwicklung bezüglich der Förderschwerpunkte war bereits in Abbildung 3 zu erkennen.

Abbildung 4: Art der Hauptbehinderung von Rehabilitanden in der Ersteingliederung in Prozent. (Reims & Tisch & Tophoven 2016: S. 4)

Im Mai 2018 gab es 176.917 Rehabilitanden in der beruflichen Eingliederung in Deutschland. Davon waren 125.927 in der Ersteingliederung und 50.990 in der Wiedereingliederung (vgl. Institut der deutschen Wirtschaft Köln e. V. o. J.). Personen, die bereits eine Ausbildung absolviert oder eine mindestens dreijährige Berufserfahrung haben, die aufgrund eines Unfalls oder gesundheitlicher Einschränkungen teilhabebeeinträchtigt sind, können Maßnahmen zur beruflichen Wiedereingliederung in Anspruch nehmen.

Die Übergänge von der Regelschule oder Förderschule von Schülern mit einem Förderbedarf in Ausbildung und Beruf werden in Abbildung 5 dargestellt. Die dargestellten Übergange (Ü1 bis Ü7) zeigen die Möglichkeiten für junge Erwachsene mit einer Teilhabebeeinträchtigung in das Berufsleben einsteigen zu können.

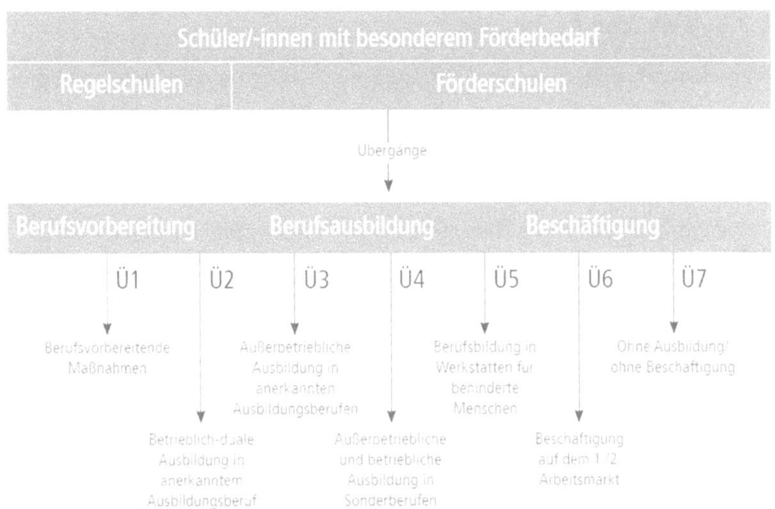

Abbildung 5: Übergänge von den allgemeinbildenden Schulen in Ausbildung und Beruf. (Euler & Severing 2014: S. 11)

Im Folgenden werden die ersten vier Übergänge berufsvorbereitende Maßnahme, betriebliche und außerbetriebliche Ausbildung sowie Ausbildung in Sonderberufen beleuchtet.

4.2 Berufsvorbereitende Maßnahmen

Das BBiG regelt in Deutschland die Berufsausbildung, die Berufsausbildungsvorbereitung, die Umschulung und die Fortbildung. Die Berufsausbildungsvorbereitung soll „Grundlagen für den Erwerb beruflicher Handlungsfähigkeiten an eine Berufsausbildung in einem anerkannten Ausbildungsberuf [ ]" vermitteln (§ 1 Abs. 2 BBiG). Entsprechende Maßnahmen können durch ein schulisches Berufsvorbereitungsjahr oder berufsvorbereitende Bildungsmaßnahmen in der Trägerschaft der BA wahrgenommen werden. Jungen Erwachsenen, soll der berufliche Einstieg erleichtert werden, wenn die Aufnahme einer Ausbildung nicht ohne Vorbereitung möglich ist (vgl. § 51 Abs. 1 SGB III).

Innerhalb der Berufsvorbereitung wird zwischen allgemeiner und reha-spezifischer Berufsvorbereitungsmaßnahme (BvB) unterschieden. Die allgemeine BvB richtet sich zwar ebenfalls an junge Erwachsene mit einer Teilhabebeeinträchtigung, jedoch ist die individuelle Förderung und Unterstützung in der reha-spezifischen BvB ausgeprägter. Im Folgenden werden die Ausbildungsmöglichkeiten beschrieben.

4.3 Betriebliche Ausbildung

Junge Erwachsene mit einer Teilhabebeeinträchtigung sollen vorrangig eine betriebliche Ausbildung im Dualen System absolvieren. So ist es im BBiG im § 64, in der Handwerksordnung (HwO) § 42k und im SGB III § 112 verankert.

Betriebe, die mindestens 20 Arbeitsplätze bereitstellen, haben auf wenigstens 5 Prozent der Arbeitsplätze Menschen mit einer Schwerbehinderung zu beschäftigen (vgl. § 154 Abs. 1 SGB IX). Wenn sie dieser Beschäftigungspflicht nicht nachkommen, müssen monatliche Ausgleichsabgaben entrichtet werden (vgl. § 160 Abs. 1 SGB IX). Nach § 159 Abs. 2 SGB IX kann ein Auszubildender mit einer Schwerbehinderung auf zwei, in besonderen Fällen auf drei Pflichtarbeitsplätze angerechnet werden.

Betriebe, welche Auszubildende mit einer Teilhabebeeinträchtigung ausbilden, haben unterschiedliche Möglichkeiten der Unterstützung. Zunächst können Nachteilsausgleiche (vgl. § 65 BBiG, § 42l HwO), z. B. bezüglich der zeitlichen Gliederung der Ausbildung oder der Verwendung von Hilfsmitteln beantragt werden. Ist ein Nachteilsausgleich nicht ausreichend, können Leistungen zur Teilhabe am Arbeitsleben von der BA finanziert werden (vgl. § 115 SGB III). Hierzu zählt z. B. die Einstiegsqualifizierung vor der Ausbildung, welche zum Ziel hat ein Ausbildungsverhältnis zu ermöglichen. Die Einstiegsqualifizierung beinhaltet ein sozialversicherungspflichtiges Praktikum mit einer Dauer von sechs bis zwölf Monaten. Arbeitgebern ermöglicht sie, potenzielle zukünftige Auszubildende und deren Leistungsfähigkeit kennenzulernen. Für die jungen Erwachsenen bietet dies im Umkehrschluss bestenfalls eine Brücke in ein Ausbildungsverhältnis (vgl. BA 2017).

Weitere Unterstützungsmaßnahmen bieten die Ausbildungsbegleitenden Hilfen. Diese können zu jedem Zeitpunkt der Ausbildung beantragt und durch einen Bildungsträger erbracht werden. Sie beinhalten Maßnahmen zur Sprachförderung, Förderung fachpraktischer und fachtheoretischer Kenntnisse sowie sozialpädagogische Begleitung, welche individuell gestaltet werden können (vgl. § 75 SGB III).

Seit 2015 können Betriebe und Auszubildende Unterstützung durch das Modell der assistierten Ausbildung erhalten (vgl. § 130 SGB III). Dieses Modell bietet vielfältige, durch die Dienstleistung eines Bildungsträgers durchgeführte Angebote vor und während der Ausbildung, wie z. B. Berufsorientierung, Bewerbungstraining, Alltagsunterstützung, Vermittlung zwischen Schule und Betrieb und Konfliktlösung (vgl. Nuglisch 2015: S. 25). Die Dienstleistung ist umfangreicher als die Maßnahmen der Ausbildungsbegleitenden Hilfen. Die Unterstützung für die

Ausbildungspartner Betrieb und Berufsschule sowie für die Auszubildenden soll das Gelingen einer regulären Ausbildung auf dem allgemeinen Arbeitsmarkt ermöglichen.

Weitere finanzielle Unterstützungen bieten diverse Zuschüsse zur Ausbildungsvergütung und den Kosten der Berufsausbildung sowie zur Schaffung neuer Ausbildungsplätze und für Arbeitshilfen, welche von der BA, dem Jobcenter oder dem Integrationsamt gefördert werden (vgl. Künsemüller 2017: S. 155).

4.4 Außerbetriebliche Ausbildung

Neben der betrieblichen Ausbildung können Menschen mit einer Teilhabebeeinträchtigung eine staatlich geförderte Berufsausbildung in einer außerbetrieblichen Einrichtung absolvieren (vgl. § 76 SGB III). Wird die außerbetriebliche Ausbildung ausschließlich in einer außerbetrieblichen Einrichtung wie z. B. Bildungsträger oder Berufsbildungswerke durchgeführt, spricht man vom integrativen Modell (BA 2018: S. 9). Die Verantwortung für die Unterweisung in Fachtheorie und der Fachpraxis und die Unterstützung im schulischen und pädagogischen Bereich obliegt dem Bildungsträger. Betriebliche Ausbildungsphasen auf dem allgemeinen Arbeitsmarkt von mindestens 40 Arbeitstagen im Jahr ergänzen die Ausbildung (vgl. ebd.). Nach den Bestimmungen von § 76 SGB III Absatz 2 soll ein Übergang in ein betriebliches Ausbildungsverhältnis angestrebt werden. Kann dieses Ziel nicht erreicht werden ist das kooperative Modell der außerbetrieblichen Ausbildung anzustreben. Hier wird die schulische und sozialpädagogische Unterstützung weiterhin vom Bildungsträger durchgeführt, die fachpraktische Unterweisung hingegen liegt in der Verantwortung des Kooperationsbetriebes (vgl. ebd. S. 10).

4.5 Ausbildung mit besonderen Regelungen

Ist wegen der Schwere der Beeinträchtigung eine Ausbildung in einem anerkannten Beruf nicht möglich, können Betriebe und außerbetriebliche Einrichtungen in Verbindung mit den zuständigen Kammern besondere Ausbildungsregelungen treffen (vgl. Autorengruppe Bildungsberichterstattung 2014: S. 171 f.). Die Feststellung diesbezüglich erfolgt durch eine Eignungsuntersuchung des Berufspsychologischen Services der BA (vgl. BA 2017: S. 4). Die Regelungen erfolgen auf der Grundlage des § 19 SGB III sowie des § 66 des BBiG oder § 42m der HwO. Die Besonderheit dieser Ausbildungsform liegt in einem theoriereduzierten Ausbildungsrahmenplan. Des Weiteren müssen Ausbilder eine rehabilitationspädagogische Zusatzqualifikation absolvieren. Der Hauptausschuss des Bundesinstituts für

Berufsbildung (BiBB) verabschiedete bisher Regelungen zu 64 Berufen, welche meist den Begriff des Fachpraktikers in ihrer Bezeichnung vorweisen (vgl. BA 2019).

4.6 Ausbildungsmarkt

Der Ausbildungsmarkt in Deutschland weist in den letzten Jahren deutliche Passungsprobleme auf (vgl. BiBB 2018: S. 9), wodurch die Übergangsproblematik von ausbildungswilligen jungen Erwachsenen mit einer Teilhabebeeinträchtigung „verschärft" (Galiläer 2015a: S. 21) wird. Die hohe Anzahl von erfolglosen Ausbildungsplatznachfragen im Jahr 2018 mit 78.600 macht deutlich, dass Erwartungen und Vorstellungen der jungen Erwachsenen und der Betriebe voneinander abweichen (ebd.). Das Angebot an Ausbildungsplätzen 2018 (574.200) war zwar seit 2009 auf einem Höchststand, jedoch ist die Anzahl der unbesetzten Plätze mit 57.700 dreimal so hoch wie 2009 (vgl. ebd. S. 1).

Auch das Angebot von Berufen mit besonderen Regelungen für Menschen mit Teilhabebeeinträchtigungen ist seit 2009 rückläufig. Im Jahr 2009 wurden noch 14.058 Ausbildungsplätze angeboten wohingegen 2016 lediglich 6.210 Ausbildungsplatzangebote bestanden (vgl. Autorengruppe Bildungsberichterstattung 2018: S. 133).

Die in diesem Kapitel dargestellte Ausbildungssituation für junge Erwachsene mit einer Teilhabebeeinträchtigung bildet die Grundlage für die konstruktive Auseinandersetzung bezüglich der vom deutschen Staat eingegangenen Verpflichtung, die Umsetzung der UN-BRK im Bereich der Ausbildung zu verwirklichen. Diese Auseinandersetzung erfolgt im nächsten Kapitel.

5 Stand der Umsetzung der UN-BRK hinsichtlich der Berufsausbildung

Vor zehn Jahren trat die UN-BRK in Deutschland in Kraft. Zahlreiche Autoren und Organisationen, z. B. die Monitoring-Stelle[4], analysieren die bisher erreichten Ziele. Im Mittelpunkt der Auseinandersetzung der vorliegenden Arbeit steht der Bereich der Berufsausbildung. Auch die Bereiche Schulbildung und Arbeitswelt werden angeführt, um ein ganzheitlicheres Bild zu erhalten. In diesem Kapitel wird der Stand der Umsetzung anhand wichtiger Themenschwerpunkte bezüglich erreichter und verfehlter Ziele näher beleuchtet.

5.1 Allgemeiner Ausbildungs- und Arbeitsmarkt und Sonderstrukturen

Die UN-BRK fordert eine inklusive Schul- und Ausbildung in denen Menschen mit Teilhabebeeinträchtigungen gleichberechtigt mit anderen Zugang zur allgemeinen Schul- und Ausbildung erhalten (vgl. Art. 24 Abs. 2a, 2b, 5 und Art. 27 Abs. 1 UN-BRK).

Die Anzahl von jungen Erwachsenen mit Teilhabebeeinträchtigung, welche in Ausbildung münden sind in der Berufsbildungsstatistik nicht abgebildet, da das personenbezogene Merkmal einer Beeinträchtigung nicht aufgenommen wird (vgl. Enggruber & Rützel 2014: S. 18). Anhand von Schulstatistiken bezüglich der Schulabgänger mit Förderbedarf, der Berufsbildungsstatistik hinsichtlich abgeschlossener Ausbildungen mit Sonderregelungen, Angaben von Betrieben bezüglich der Beschäftigung von Auszubildenden mit einer Schwerbehinderung sowie Statistiken zu Arbeitgeberzuschüssen für Auszubildende mit Teilhabebeeinträchtigungen können Annäherungswerte abgeleitet werden (vgl. ebd. S. 18 f.). In der 2014 von der Bertelsmann Stiftung herausgegeben Reihe Inklusion in der beruflichen Bildung veröffentlichen die Autoren Euler und Severing folgende Zahlen, welche sich auf unterschiedliche Jahrgänge beziehen und u. a. deshalb unscharf bleiben (vgl. Euler & Severing 2014: S. 21). Ca. 50.000 Schüler mit Förderbedarf verlassen jährlich die Regel- und Förderschulen (vgl. ebd. S. 13). Davon münden ca. 16.400 in berufsvorbereitende Maßnahmen ein (vgl. ebd.). Ca. 18.400 schließen einen Ausbildungsvertrag ab, davon lediglich ca. 3.500 in einem Betrieb und 14.900 in einer

---

[4] Analyse der Monitoring-Stelle nach zehnjährigem Bestehen der UN-BRK in Deutschland abrufbar unter: https://www.institut-fuer-menschenrechte.de/fileadmin/user_upload/Publikationen/ANALYSE/Wer_Inklusion_will_sucht_Wege_Zehn_Jahre_UN_BRK_in_Deutschland.pdf

außerbetrieblichen Einrichtung. Von den 14.900 Auszubildenden wählten 9.900 eine Ausbildung mit besonderen Regelungen für Menschen mit einer Beeinträchtigung (vgl. ebd. S. 21).

In einer von der Aktion Mensch herausgegebenen Zeitschrift werden folgende aufgerundete Zahlen mit dem Verweis auf die BA als Quelle veröffentlicht (vgl. Schwarze-Reiter 2019: S. 11). Von 70.000 Jugendlichen mit Teilhabebeeinträchtigungen, welche 2018 in der Erstausbildung von der BA unterstützt wurden, befanden sich lediglich 10 % auf dem allgemeinen Ausbildungsmarkt. 13.000 absolvierten eine berufsvorbereitende Maßnahme in Schulen oder Bildungsträgern. Im Eingangsverfahren einer Werkstatt für Menschen mit Teilhabebeeinträchtigungen befanden sich 20.000 junge Erwachsene. 30.000 absolvierten eine außerbetriebliche Ausbildung. Zwar wurden 20 % davon kooperativ in Betrieben des allgemeinen Ausbildungsmarktes durchgeführt, jedoch befand sich der Großteil in gesonderten Einrichtungen wie Berufsbildungswerken und anderen Bildungsträgern (vgl. ebd.).

Trotz aller Unschärfe aufgrund oben benannter Faktoren ist deutlich zu erkennen, dass nur ein kleiner Anteil von jungen Erwachsenen mit Teilhabebeeinträchtigung eine betriebliche Ausbildung auf dem allgemeinen Arbeitsmarkt beginnt. Nach den Berechnungen von Euler und Severing sind dies 7 % der jungen Erwachsenen bzw. 10 % nach den Berechnungen von Schwarze-Reiter. Der weitaus größere Anteil befindet sich in Sonderstrukturen der beruflichen Rehabilitation und im Berufsbildungsbereich der Werkstätten.

In den abschließenden Bemerkungen bezüglich des ersten Staatenberichtes Deutschlands von 2015 empfiehlt der Ausschuss der UN, das segregierte Schulwesen zurückzubauen und eine Strategie sowie einen Zeitplan zu entwickeln, um den Zugang zu einem inklusiven Bildungssystem zu ermöglichen (vgl. UN 2015: S. 11). Des Weiteren zeigt sich der Ausschuss besorgt über die Segregation am Arbeitsmarkt. Der Ausschuss empfiehlt, die Werkstätten für teilhabebeeinträchtigte Menschen in dieser Form nicht weiterzuführen, da diese keinen Übergang zum allgemeinen Arbeitsmarkt fokussieren (vgl. ebd. S. 12). Somit stellt sich der Ausschuss der UN-BRK gegen Sonderstrukturen und mahnt diese in Deutschland an.

Einrichtungen der außerbetrieblichen Ausbildung verfolgen konzeptionell die Eingliederung am ersten Arbeitsmarkt zielgerichtet, jedoch finden die Ausbildungen in der integrativen Form, abgesehen von der Ergänzung durch betriebliche Ausbildungsphasen (40 Tage im Jahr), in geschützten Bereichen in den Räumen der Berufsbildungswerke und weiterer Bildungsträger statt. 2013 wurden knapp 60 % der Ausbildungen integrativ durchgeführt (vgl. Reims & Tisch & Tophoven 2016: S. 6). Die Chance eine sozialversicherungspflichtige Beschäftigung nach der Ausbildung zu erhalten, sind für diejenigen am höchsten, die eine betriebliche Ausbildung mit finanzieller Bezuschussung für den Betrieb absolviert haben. 67 % der jungen Erwachsenen waren zwölf Monate nach Ende der Ausbildung sozialversicherungspflichtig beschäftigt. Wohingegen lediglich 44 % derjenigen, die eine außerbetriebliche Ausbildung in integrativer Form absolvierten, eine sozialversicherungspflichtige Beschäftigung erlangten (vgl. ebd. S. 7). Somit ist der Klebeeffekt bei betrieblichen Ausbildungen deutlich zu erkennen.

Die Sonderstrukturen sind auch hinsichtlich sozialer Aspekte problematisch. Die Teilhabe von Menschen mit Beeinträchtigungen am allgemeinen Ausbildungs- und Arbeitsmarkt ist wesentlich für die Teilhabe am sozialen Leben in der Gesellschaft (vgl. Wacker 2019: S. 13). Eine nicht vorhandene Berufsausbildung sowie Einkommens- und Erwerbslosigkeit gelten als Exklusionsrisiken (vgl. ebd.). Diese sind nicht vereinbar mit dem Grundsatz der UN-BRK, nämlich der vollen und wirksamen Teilhabe an der Gesellschaft (vgl. Art. 3c UN-BRK).

Im Rahmen des NAPs wurden Maßnahmen für eine verbesserte berufliche Orientierung für Jugendliche mit einer Schwerbehinderung oder einem Förderbedarf installiert. 80 Millionen Euro wurden hierzu aus dem Ausgleichsfonds bereitgestellt. Des Weiteren sind Bemühungen durch die Initiative Bildungsketten zu erkennen, durch welche Bund und Länder einen einheitlichen und verzahnten Übergangsbereich zwischen Schule und Ausbildung erreichen wollen (vgl. Bundesministerium für Bildung und Forschung 2017: S. 90).

Angesichts der oben genannten hohen Anzahl von jungen Erwachsenen mit einer Teilhabebeeinträchtigung, welche sich nicht auf dem allgemeinen Ausbildungsmarkt befinden, scheint jedoch der Weg zur Erreichung der Ziele der UN-BRK ein langer zu sein.

5.2 Gegebenheiten hinsichtlich Wahlmöglichkeiten und Vergütung

Wie in Kapitel 4.6 beschrieben ist das Ausbildungsstellenangebot mit besonderen Regelungen für junge Erwachsene mit Teilhabebeeinträchtigungen (vgl. § 66 BBiG/§ 42 HwO) zwischen 2009 und 2016 um mehr als die Hälfte gesunken (vgl. Autorengruppe Bildungsberichterstattung 2018: S. 133). Auch die Auswahl an Berufen ist auf bisher 64 Berufe mit Sonderregelungen limitiert (vgl. BA 2019). Zu bedenken ist diesbezüglich nicht nur die Vorgabe der UN-BRK, Diskriminierung hinsichtlich der Auswahlbedingungen zu verbieten (vgl. Art. 27 Abs. 1a). Auch im Grundgesetz ist das Recht der freien Auswahl des Berufs und der Ausbildungsstätte verankert (vgl. Art. 12 Abs. 1 GG).

Das im Rahmen des Bundesteilhabegesetzes eingeführte Budget für Arbeit bietet für Menschen mit einer Beeinträchtigung, welche einen Wechsel von einer Beschäftigung in einer Werkstatt für Beeinträchtigte in ein sozialversicherungspflichtiges Arbeitsverhältnis auf dem allgemeinen Arbeitsmarkt anstreben, neue Möglichkeiten. Der zukünftige Arbeitgeber kann einen Lohnkostenzuschuss von bis zu 75 % beantragen (vgl. § 61 SGB IX). Mit diesem Zuschuss kann der Arbeitgeber eine Leistungsminderung ausgleichen oder Aufwendungen für eine entsprechende Anleitung oder Begleitung am Arbeitsplatz finanzieren. Dadurch eröffnen sich neue Chancen hinsichtlich einer selbstbestimmten Wahl der Arbeitsstelle.

Dieser Ansatz wird derzeit für den Bereich der Berufsausbildung erneut geprüft. 2016 wurde ein entsprechender Gesetzesentwurf bezüglich eines Budgets für Ausbildung abgelehnt, da nach Ansicht der Bundesregierung bereits ein „breites arbeitsmarktpolitisches Förderinstrumentarium" (vgl. Deutscher Bundestag 2016: S. 63 f.) zur Verfügung steht. Ein entsprechender neuer Referentenentwurf ist bereits erstellt. Am 14. August 2019 soll dieser Gesetzesentwurf vom Bundeskabinett beschlossen werden (vgl. Deutscher Paritätischer Wohlfahrtsverband 2019). Es bleibt abzuwarten, ob dieser Beschluss hinsichtlich der Einführung eines Budgets für Ausbildung positiv ausfällt. Für junge Erwachsene mit Teilhabebeeinträchtigung kann die Einführung des Budgets für Ausbildung eine Verbesserung des Wunsch- und Wahlrechts bezüglich einer Ausbildungsstelle bedeuten und somit mehr Selbstbestimmung ermöglichen.

Dies könnte auch ein Weg sein, um die ungerechte Vergütung der Menschen mit Teilhabebeeinträchtigungen in einer Werkstatt oder anderen Rehabilitationsträgern zu beenden. Die Tätigkeit in einer Werkstatt wird im Durchschnitt mit weniger als 200 Euro im Monat vergütet. Der gesetzliche Mindestlohn hat für diesen Bereich keinen Geltungsbereich (vgl. DIMR 2019: S. 42). Auch das Ausbildungsgeld, welche Auszubildende einer außerbetrieblichen Ausbildung von der BA erhalten fällt wesentlich geringer aus, als eine betrieblich gezahlte Ausbildungsvergütung. Dies widerspricht den Prinzipien der UN-BRK und kann nicht als inklusiver Ausbildungs- und Arbeitsmarkt angesehen werden.

5.3 Bewusstseinsbildung und Sensibilisierung

Die Beschäftigung in Betrieben des allgemeinen Arbeitsmarktes soll durch Anreize gefördert werden (vgl. Art. 27 Abs. 1h UN-BRK). Um geeignete Fördermittel, wie die oben beschriebenen Budgets oder weitere Zuschüsse für Arbeitgeber, für alle Beteiligten gewinnbringend nutzen zu können, müssen nicht nur potenzielle Auszubildende darüber informiert werden, sondern ebenfalls die Betriebe. In der im Jahr 2014 von der Bertelsmann Stiftung herausgegebenen Befragung von Betrieben zur Berufsausbildung junger Menschen mit Beeinträchtigungen wurde deutlich, dass Arbeitgebern Informationen bezüglich externer Unterstützungsangebote fehlen (vgl. Enggruber & Rützel 2014: S. 38 f.). In der Befragung werden zwei Betriebstypen unterschieden. Betriebstyp 1 werden Betriebe zugeordnet, die aktuelle oder weniger als fünf Jahre zurückliegende Ausbildungserfahrungen mit Jugendlichen mit einer Beeinträchtigung haben. Betriebe des Betriebstyps 2 besitzen aktuelle oder weniger als fünf Jahre zurückliegende Ausbildungserfahrungen mit Jugendlichen ohne eine Beeinträchtigung (vgl. ebd. S. 25).

		Betriebstyp		
		Typ 1	Typ 2	Gesamt
Zuschüsse und Darlehen für die Schaffung neuer Ausbildungs- und Arbeitsplätze für Jugendliche mit Behinderungen	bekannt und schon genutzt	4,5 %	1,3 %	2,4 %
	bekannt, aber noch nicht genutzt	34,5 %	29,9 %	31,5 %
Zuschüsse zur Ausbildungsvergütung für Jugendliche mit Behinderungen	bekannt und schon genutzt	16,6 %	1,4 %	6,7 %
	bekannt, aber noch nicht genutzt	33,3 %	35,0 %	34,4 %
Zuschüsse und Prämien zu den Kosten der Berufsausbildung für Jugendliche mit Behinderungen	bekannt und schon genutzt	9,9 %	1,1 %	4,1 %
	bekannt, aber noch nicht genutzt	28,2 %	29,6 %	29,1 %
Kostenübernahme für die Anpassung eines Ausbildungs- bzw. Arbeitsplatzes eines Menschen mit Behinderungen	bekannt und schon genutzt	6,3 %	1,8 %	3,4 %
	bekannt, aber noch nicht genutzt	40,5 %	33,4 %	35,9 %
Zuschüsse zu Gebühren, insbesondere Prüfungsgebühren	bekannt und schon genutzt	6,1 %	1,2 %	2,9 %
	bekannt, aber noch nicht genutzt	16,9 %	22,5 %	20,6 %
Ein Ausbildungsbonus für neue betriebliche Ausbildungsplätze, die Menschen mit Behinderungen zur Verfügung gestellt werden	bekannt und schon genutzt	3,5 %	0,4 %	1,5 %
	bekannt, aber noch nicht genutzt	23,8 %	26,7 %	25,7 %
Anzahl		243	456	699

Alle Zusammenhänge sind signifikant.

Tabelle 2: Vergleich der Betriebstypen 1 und 2 bezogen auf die Kenntnis und Nutzung von Unterstützungsangeboten (Enggruber & Rützel 2014: S. 39)

In Tabelle 2 werden Kenntnis und Nutzung der Betriebe von Unterstützungsangeboten dargestellt. Betriebe, die bereits Jugendliche mit einer Beeinträchtigung ausbilden oder ausgebildet haben, weisen folgerichtig auch mehr Kenntnisse über die Zuschussmöglichkeiten auf, als die Betriebe, die diese Personengruppe bisher noch nicht ausgebildet haben. Verwunderlich ist, dass trotzdem weniger als die Hälfte der Betriebe, die Jugendliche mit einer Teilhabebeeinträchtigung ausbilden, die einzelnen Angebote kennen und die Häufigkeit der Nutzung der Angebote nochmals geringer ausfallen. Dies lässt darauf schließen, dass Betriebe beider Betriebstypen einer intensiveren Beratung bedürfen. Betriebe, welche bereits Jugendliche mit einer Beeinträchtigung ausbilden, sollten bei der Beantragung und Nutzung der Angebote unterstützt werden.

In der Befragung geben 52 % der Betriebe an, dass sie mehr Jugendliche mit einer Teilhabebeeinträchtigung ausbilden würden und 37 % der Betriebe ohne Ausbildungserfahrung für die Personengruppe Ausbildungen anbieten, wenn sie mehr staatliche Unterstützung erhalten würden (vgl. ebd. S. 10).

Der Hauptgrund dafür, dass Betriebe bisher keine Jugendlichen mit Beeinträchtigungen ausbilden, sind fehlende Bewerbungen der Personengruppe auf einen Ausbildungsplatz (vgl. ebd. S. 43). Dies lässt darauf schließen, dass viele Jugendliche ihre Chancen als zu gering erachten oder sich eine betriebliche Ausbildung nicht zutrauen. Diesbezüglich kann vermutet werden, dass auch in der Öffentlichkeit eine Bewusstseinsbildung noch nicht ausreichend erfolgt ist. Eine Ermutigung der jungen Erwachsenen durch das soziale Umfeld hinsichtlich Bewerbungen für betriebliche Ausbildungsplätze ist wünschenswert. In der UN-BRK ist die Bewusstseinsbildung in der Öffentlichkeit hinsichtlich der Anerkennung der Fertigkeiten und Fähigkeiten von Menschen mit Teilhabebeeinträchtigung und deren Beitrag zum Arbeitsmarkt gefordert (vgl. Art. 8 Abs. 2a iii UN-BRK).

Das Inklusionsbarometer Arbeit der Aktion Mensch zeigt eine positive Entwicklung für Menschen mit Teilhabebeeinträchtigungen in den Jahren 2013 bis 2017 auf dem Arbeitsmarkt auf (vgl. Aktion Mensch 2018: S. 50). Es gibt im Jahr 2017 mehr barrierefreie Unternehmen als im Jahr 2013. Auch der Einfluss auf das Arbeitsumfeld durch den sozialen Kontakt zwischen Arbeitnehmern mit und ohne Beeinträchtigung hat sich verbessert (vgl. ebd. S. 27). Jedoch wird festgestellt, dass zu wenige Betriebe schriftliche Inklusionsgrundsätze bzw. keinen Plan zur Inklusion von Mitarbeitern mit einer Beeinträchtigung haben (vgl. ebd. S. 50). Die positiven Entwicklungen betreffen zum Großteil Betriebe mit mehr als 50 Mitarbeitern. Kleinere Unternehmen sind hinsichtlich der Inklusion entweder nicht ausreichend informiert oder sie sehen sich nicht in der Lage, diese Form der Ausbildung durchzuführen. Aktion Mensch schlussfolgert, dass hinsichtlich staatlicher Unterstützungsangebote der Bürokratieaufwand für Betriebe abgebaut werden muss (vgl. ebd.).

Der in diesem Kapitel festgestellte Bedarf an notwendigen Schritten zu einer inklusiven Berufsbildung wird im nächsten Kapitel aufgegriffen. Es werden Empfehlungen für die handelnden Akteure in der Praxis auf den unterschiedlichen Ebenen gegeben.

6 Notwendige Schritte zur inklusiven Berufsausbildung

In den bisherigen Ausführungen wurde deutlich, dass zur Umsetzung der Ziele der UN-BRK hinsichtlich der Berufsausbildung von jungen Erwachsenen mit Teilhabebeeinträchtigung verschiedene Akteure gefordert sind. Auf der Struktur- und Systemebene werden die Weichen für den Handlungsspielraum der Bildungsträger, Berufsschulen und Betriebe gestellt. In den jeweiligen Einrichtungen werden wiederum durch konzeptionelle Entscheidungen Vorgaben hinsichtlich der Ausgestaltung und Durchführung der Ausbildungen festgelegt. Im Folgenden wird auf notwendige Veränderungen auf allen Ebenen hingewiesen. Zum Abschluss des Kapitels wird auf die Professionalisierung pädagogischer Fachkräfte eingegangen, welchen eine bedeutende Rolle im Inklusionsprozess zuteil wird.

6.1 Anpassung struktureller Rahmenbedingungen

Die UN-BRK hat einen erkennbaren inklusiven Ansatz und ist ein gewichtiges Dokument hinsichtlich des Paradigmenwechsels von der Integration zur Inklusion (vgl. Riecken & Jöns-Schnieder & Eikötter 2017: S. 10). Auf der einen Seite mahnt der UN-Ausschuss, wie in Kapitel 5.1 beschrieben, Sonderstrukturen an. Andererseits findet sich ein rehabilitativer Ansatz wieder, welcher in Artikel 27 der UN-BRK zur Habilitation und Rehabilitation beschrieben wird. Hinsichtlich des Berufsbildungsbereiches geht es demnach nicht darum, junge Erwachsene mit einer Teilhabebeeinträchtigung zwingend auf dem allgemeinen Ausbildungsmarkt zu inkludieren und ohne Unterstützungsangebote sich selbst zu überlassen. Beide Ansätze sollen ergänzend zusammenwirken, um so die Teilhabechancen beeinträchtigter junger Erwachsener erhöhen zu können (vgl. ebd.). Das Aufeinandertreffen von Rehabilitationsmaßnahmen und dem allgemeinen Ausbildungs- und Arbeitsmarkt erfordert die Zusammenführung von sozial- und betriebswirtschaftlichen Konzepten. Für Einrichtungen der sozialen oder rehabilitativen Arbeit gilt das sozialrechtliche Leistungsdreieck. Die Leistungserbringung und die Finanzierung sind vertraglich zwischen Leistungsempfänger, Leistungserbringer und Kostenträger geregelt. Diese Struktur muss um einen neuen Partner ergänzt werden. Denn die Inklusion junger Erwachsener mit Teilhabebeeinträchtigung wird nur dann erfolgreich gelingen, wenn sich Betriebe daran beteiligen (vgl. Enggruber & Rützel 2014: S. 8). Abbildung 6 stellt die wechselseitigen Bezüge zwischen Rehabilitation und Inklusion im Bereich der Arbeit dar (vgl. Riecken & Jöns-Schnieder & Eikötter 2017: S. 11). Die unterschiedlichen Interessen von Leistungsträgern, Leistungserbringern, Individuen und Unternehmen müssen gleichermaßen bedacht und bestehende

Strukturen angepasst werden, um Veränderungen und Flexibilisierungen zu ermöglichen. Auch die Ausbildungskammern spielen im Hinblick auf Zulassungsvo-
raussetzungen und Entwicklung von Ausbildungsrahmenplänen sowie Prüfungs-
richtlinien eine Rolle. Es wird deutlich, dass hinsichtlich der Vielzahl der Akteure
neue Vernetzungs- und Kommunikationsstrukturen notwendig sind.

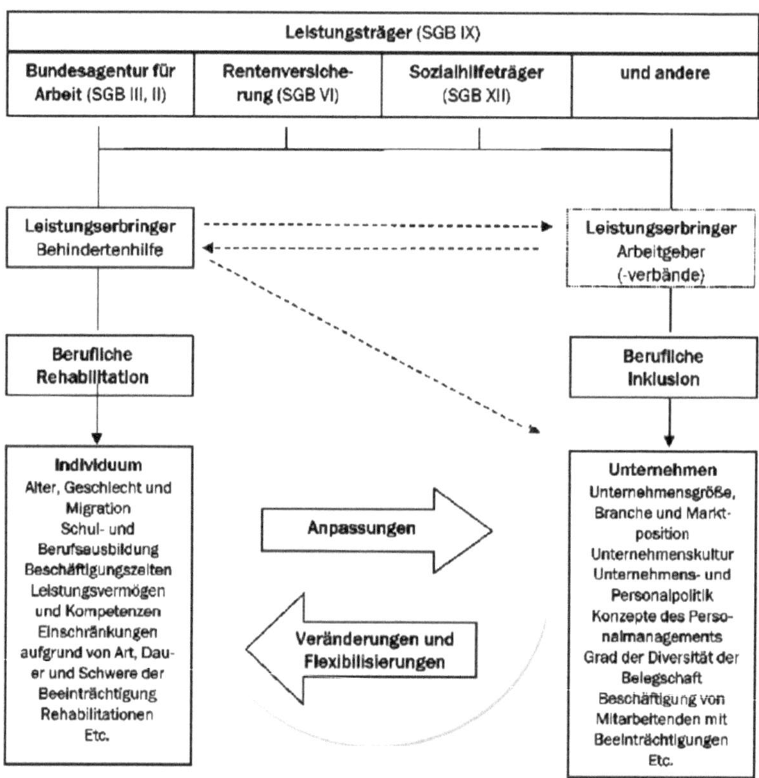

Abbildung 6: Wechselseitige Bezüge zwischen Rehabilitation und Inklusion im Bereich
Arbeit (vgl. Riecken & Jöns-Schnieder & Eikötter 2017: S. 11).

Es bleibt abzuwarten, wie inklusive Leitideen, z. B. die Orientierung an den Lebens-
lagen der Menschen mit einer Beeinträchtigung, in der gewinn- und effizienzorien-
tierten Marktwirtschaft aufgehen können (vgl. Trenk-Hinterberger 2015: S. 113).
Diesbezüglich sind auf der einen Seite sowohl finanzielle Anreize für Ausbildungs-
betriebe als auch gesetzliche Bestimmungen wie die zur Ausgleichsabgabe sinnvoll, um von außen auf marktwirtschaftliche Mechanismen einwirken zu können,
sodass Teilhabechancen nicht allein von Faktoren des Ausbildungs- und

Arbeitsmarktes entschieden werden (vgl. ebd.). Andererseits ist eine verstärkte Bewusstseinsbildung und Aufklärung in den Unternehmen hinsichtlich des Potenzials von Menschen mit Teilhabebeeinträchtigung in der Ausbildung von Nöten.

Betriebe, welche bereits Auszubildende mit einer Teilhabebeeinträchtigung ausbilden oder sich dafür interessieren wünschen sich eine einheitliche Informationsstelle. 81,7 % der Betriebe geben an, dass die entsprechenden Orte hinsichtlich der Beantragung von Unterstützungsangeboten transparenter sein sollen. 73,1 % der Betriebe geben an, dass dies außerdem weniger bürokratisch gestaltet werden soll (vgl. Enggruber & Rützel 2014: S. 55). Die bereits bestehende Expertise in unterschiedlichen Einrichtungen, wie in den BA, Integrationsfachdiensten, Kammern oder in Rehabilitationseinrichtungen soll gebündelt genutzt und sichtbarer werden (vgl. Lohe 2018: S. 70).

Zu bedenken ist ebenfalls, dass die bestehende Förderstruktur junger Erwachsener weiterhin durch Klassifizierungen und Zuschreibungen stigmatisiert, da die Finanzierung entsprechender Förderungsmaßnahmen in der Berufsbildung auf einer Feststellung des Förderbedarfs beruht und stets im Einzelfall geprüft wird (vgl. Bylinski 2015: S. 12). Angesichts der immer größer werdenden Heterogenität innerhalb der Zielgruppe der Jugendlichen und jungen Erwachsenen wäre ein Konzept, unabhängig von Kategorien wie z. B. Menschen mit und ohne Beeinträchtigung, Menschen mit und ohne Migrationshintergrund, Frauen und Männer, sinnvoll (vgl. ebd.). Dies setzt nicht nur Veränderungen des deutschen Förderungssystems voraus (vgl. Enggruber 2018: S. 31).

Ebenfalls müssen neue Konzepte entwickelt werden, bei denen die individuellen Lernstände aller Auszubildenden durch flexible Hilfen berücksichtig werden können (vgl. ebd.). Der Umgang mit Heterogenität und Diversität ruckt in inklusionspolitischen Diskursen derzeit verstärkt in den Vordergrund (vgl. Thielen 2016: S. 114). Im nächsten Kapitel zur Entwicklung inklusiver Ausbildungskonzepte und Didaktik wird dies weiterführend thematisiert.

6.2 Entwicklung inklusiver Ausbildungskonzepte und Didaktik

Um der Heterogenität der Zielgruppe gerecht zu werden, sind Ausbildungskonzepte auf eine Flexibilisierung hinsichtlich der Ausbildungsinhalte sowie auf Zeit und Ort auszurichten. Diesbezüglich können die vorhandenen Möglichkeiten der Abkürzung oder Verlängerung der Ausbildungszeit (vgl. § 8 BBiG) genutzt und weiterentwickelt werden, um Ausbildungsprozesse an den jeweiligen Bedürfnissen der jungen Erwachsenen auszurichten. Auch die Möglichkeit von Ausbildung in Teilzeit besteht bereits und ermöglicht bei Bedarf die Verkürzung der täglichen bzw. wöchentlichen Ausbildungszeit (vgl. ebd.). Dadurch können junge Erwachsene mit Teilhabebeeinträchtigung z. B. Therapie- oder Förderangebote neben der täglichen Ausbildungszeit nutzen, ohne dadurch Fehlzeiten im Ausbildungsalltag entstehen zu lassen. Des Weiteren wird durch diese Option ein Ausschluss einer Ausbildung von jungen Erwachsenen mit gesundheitlichen Einschränkungen oder Beeinträchtigungen abgewendet, die nicht in der Lage sind einen achtstündigen Ausbildungstag durchzuhalten.

Eine Möglichkeit, Ausbildungsinhalte zu flexibilisieren und Durchlässigkeit zwischen Ausbildungsformen und Orten zu gewährleisten, bieten Ausbildungsmodelle, welche auf Bausteinen oder einer Modularisierung beruhen. Das Projekt TrialNet wurde als Maßnahme des NAP vom BMAS gefördert und vom Forschungsinstitut Betriebliche Bildung zwischen 2009 und 2015 durchgeführt (vgl. Galiläer 2015b: S. 6). Durch dieses Projekt wurde die Ausbildung für junge Erwachsene mit Teilhabe-beeinträchtigung auf der Grundlage von Ausbildungsbausteinen erprobt. Bildungsträger führten in Kooperation mit unterschiedlichen Betrieben ausgewählte modularisierte Berufsausbildungen für junge Erwachsene mit Teilhabebeeinträchtigungen durch. Ziel des Projektes war die Verwertbarkeit und der Nachweis von Ausbildungsteilleistungen durch eine modularisierte Aufteilung der Ausbildungsinhalte auf kleinere Lernergebniseinheiten (vgl. Galiläer 2015c: S. 172). Dies bot positive Aspekte hinsichtlich einer inklusiven Berufspädagogik. Die Auszubildenden erhielten einen überschaubaren Ausbildungsplan, den sie stets mitverfolgen konnten und welcher an individuelle Lernbedürfnisse angepasst wurde. Die Teilqualifikationen wurden an unterschiedlichen Lernorten, wie außerbetriebliche Einrichtungen, Betriebe oder Berufsschulen durchgeführt. Dies ließ eine flexible Durchführung, wie z. B. das Ausbilden in verschiedenen Betrieben zu (vgl. ebd. S. 173). Den an der Ausbildung beteiligten Personen stand ein digitales Dokumentationsinstrument zur Verfügung, um absolvierte Inhalte und die erzielten Lernergebnisse festzuhalten und Teilqualifikationen zu bescheinigen (vgl. ebd. S.

176 f.). In der Auswertung des Projektes wurde festgestellt, dass insbesondere Kleinbetriebe offen für eine modularisierte, gemeinsame Ausbildung von jungen Erwachsenen mit Teilhabebeeinträchtigung sind (vgl. ebd. S. 189). Das Bausteinkonzept und die strukturierten Vorgaben überzeugten die Kleinbetriebe mehr als größere Betriebe. Dies ist darauf zurückzuführen, dass die Ausbildung in Großbetrieben oftmals bereits gut organisiert ist und daher Vorbehalte gegenüber eines neuen vorgegebenen Ausbildungssystems bestehen (vgl. ebd.).

In der Auswertung des Projektes wurden positive Effekte auf den Ebenen der Berufsbildungspolitik, der Ausbildungsorganisation und der pädagogisch-didaktischen Ebene festgestellt, welche in Abbildung 7 dargestellt werden (vgl. ebd. S. 212).

1. Ebene: Berufsbildungspolitik / Arbeitsmarkt	2. Ebene: Ausbildungsorganisation	3. Ebene: pädagogisch-didaktische Aspekte
• Zertifizierung von Teilleistungen • Verwertbarkeit von Ausbildungsteilleistungen • Durchlässigkeit zwischen Teilhabeleistungen und Bildungsgängen	• transparenter Ausbildungsverlauf • Übersichtlichkeit, Vollständigkeit • Kontrollmöglichkeiten • Qualität der Ausbildung	• Lernergebnis- und Handlungsorientierung • Training von Prüfungssituationen • Überschaubarkeit der Vermittlungsprozesse • "schnelle Erfolge" • Motivation

Abbildung 7: Wirkungsebenen von Ausbildungsbausteinen (eigene Darstellung) (Galiläer 2015c: S. 212)

Förderinstrumente wie die kooperative außerbetriebliche Ausbildung, die ausbildungsbegleitenden Hilfen oder auch die assistierte Ausbildung sollen in Zusammenarbeit mit Betrieben konzeptionell weiterentwickelt werden. Die Prämisse der Flexibilität und Durchlässigkeit, wie sie in Bausteinkonzepten verankert ist, soll auch dort verfolgt werden. In inklusiven Berufsbildungskonzepten muss die fachpraktische Ausbildung von Berufsbildungswerken und anderen Bildungsträgern schrittweise in Betriebe des allgemeinen Ausbildungsmarktes verlagert werden. Die außerbetrieblichen und rehabilitationsspezifischen Einrichtungen könnten dann als regionale Kompetenzzentren umfunktioniert werden, welche ihre Dienstleistungen den Auszubildenden, Betrieben und Berufsschulen zur Verfügung stellen (vgl. Euler & Severing 2014: S. 25). Sie können für die Auszubildenden und Betriebe begleitend und beratend tätig sein, Netzwerke auf- und ausbauen, Betriebe und Auszubildende akquirieren sowie Aufgaben zur Bewusstseinsbildung und Sensibilisierung auf dem Ausbildungsmarkt im Sinne der UN-BRK übernehmen.

In Berufsbildungskonzepten ist im Hinblick auf die Heterogenität der Zielgruppe die Beachtung inklusiver Didaktik notwendig. Dazu zählt die Gestaltung von Beziehungen im Unterricht zwischen Lehrkraft und Schüler bzw. Ausbilder und Auszubildenden und der Lernenden untereinander (Prengel 2012: S. 176). Dieses Prinzip drückt sich durch die bedingungslose Akzeptanz der Lehrkraft gegenüber allen Schüler im Hinblick ihrer Unterschiedlichkeit aus (Kullmann 2014: S. 95). Durch eine wertschätzende Grundhaltung können Beziehungen durch aktive Konfliktbearbeitung oder die Förderung von kooperativem Lernen gestaltet werden.

Weitere Prinzipien sind die individuelle Förderung des Einzelnen und das Herstellen von Gemeinsamkeiten (vgl. ebd. S. 99). Durch die Binnendifferenzierung im Unterricht werden die Lernvoraussetzungen der jungen Erwachsenen berücksichtigt, um so individuelle Förderungsmöglichkeiten anbieten zu können. Dabei kann zwischen quantitativer Differenzierung und qualitativer Differenzierung unterschieden werden (vgl. ebd. S. 98). Zur quantitativen Differenzierung gehören Umfang einer Aufgabe sowie die zur Verfügung gestellte Zeit zur Bearbeitung der Aufgabe. Die qualitative Differenzierung meint den Schwierigkeitsgrad der Aufgabe, die Sozialform, die Hilfsmittel sowie Unterstützung durch Mitschüler oder Lehrkraft (vgl. ebd.). Die Gemeinsamkeit wird über den Lerngegenstand hergestellt. Hierzu bieten in Berufsausbildungen die Ausbildungsrahmenpläne der Betriebe und die Rahmenlehrpläne der Berufsschulen ausreichend praktische und theoretische Inhalte, welche zum gemeinsamen Lerngegenstand werden.

Den pädagogischen Fachkräften in den Bildungsträgern und Berufsschulen sowie den Ausbildern in Betrieben kommt bei der Umsetzung von inklusiven Konzepten in der Berufsausbildung eine Schlüsselrolle zu (vgl. Bylinski 2016: S. 215). Die Notwendigkeit einer Professionalisierung in der inklusiven Berufsausbildung wird im folgenden Kapitel erläutert.

6.3 Professionalisierung pädagogischer Fachkräfte

Die im ersten Kapitel beschriebenen Paradigmenwechsel machen deutlich, welche Veränderungen hinsichtlich der Teilhabe von Menschen mit Beeinträchtigungen auf allen Ebenen der Gesellschaft notwendig sind. Die Veränderungsprozesse müssen von den zuständigen Personen in ihrer jeweiligen Funktion verantwortungsbewusst wahrgenommen und gestaltet werden. Hinsichtlich des Veränderungsprozesses im Bereich der Berufsbildung stehen die pädagogischen Fachkräfte der Bildungsträger und Berufsschulen sowie die Ausbilder in den Betrieben in der Verantwortung ihre Professionalität zu reflektieren und weiterzuentwickeln, sodass eine inklusive Ausbildung gelingen kann. Der Perspektivenwechsel im pädagogischen Kontext macht sich durch eine Veränderung des Aufgabenfeldes bemerkbar (vgl. Bylinski 2016: S. 216). Die Heterogenität der Zielgruppe erfordert, dass Unterschiede wertschätzend anerkannt werden und die entstehende Vielfalt als Ressource genutzt wird.

Die Reflexionsfähigkeit von Pädagogen wird in der Fachliteratur stets als eine der zentralen Kompetenzen angeführt (vgl. Arndt 2018: S. 49). Hierbei geht es zunächst einmal um das Wahrnehmen eines Spannungsfeldes, welches sich aufgrund der Anforderung der Inklusion, der vollen und gleichberechtigten Teilhabe von Menschen mit Beeinträchtigung und den Grenzen des pädagogischen Handelns ergibt. Anforderungen müssen stets mit den Möglichkeiten und Notwendigkeiten abgeglichen werden (vgl. Bylinski 2016: S. 219). Die Auseinandersetzung mit den eigenen biografischen Bildungsprozessen und der eigenen Person sollte hinsichtlich einer Professionalisierung verankert sein, um Handlungsoptionen innerhalb der Möglichkeiten und Grenzen realistisch einschätzen zu können (vgl. ebd. S. 221).

Bylinski (2016) zählt hinsichtlich einer Professionalisierung in der inklusiven Berufsbildung „Individuelle (Lern-) Begleitung und Unterstützung" (S. 225) und „Vernetzung und Kooperation" (ebd.) zu den Anforderungsbereichen und ordnet diesen weitere Kompetenzen zu (siehe Abbildung 8).

Kompetenzfelder			Teilkompetenzen, z. B.
Individuelle (lern-) Begleitung und Unterstützung	**Ebene I** Individuelle Gestaltung von Lernprozessen	Kompetenzen zur Individualisierung von Lernprozessen und individuellen Lernprozessbegleitung	▶ *Kompetenzen* zur Gestaltung individualisierter Lernsituationen, zur Lernberatung, zum Umgang mit heterogenen Lerngruppen, zur Entwicklung integrativer Lernsettings, die u. a. die Lebenswelt der Jugendlichen einbeziehen
	Ebene II Individuelle Bildungs- und Übergangsbegleitung	Kompetenzen zur Berufswegebegleitung	▶ *Kompetenzen* zur biografie- und lebensweltorientierten Begleitung, die an den Ressourcen und Potenzialen der Jugendlichen ansetzt, zur Gestaltung von Beratungssituationen und zur Förderung von sozialen, personalen, emotionalen Fähigkeiten
Vernetzung und Kooperation	**Ebene III** Regionale Vernetzung und Kooperation der Akteure und Institutionen	Intermediäre Kompetenzen	▶ *Kompetenzen* zur institutionenübergreifenden Zusammenarbeit („Interdisziplinäre Dolmetscherkompetenz", Brödel 2005), zum Agieren in unterschiedlichen Kontexten, zum Aufbau einer Kooperations- und Kommunikationskultur und zum Umgang mit „struktureller Offenheit"
	Ebene IV Zusammenarbeit der pädagogischen Fachkräfte	Intra- und intersystemische Verständigungskompetenzen	▶ *Kompetenzen* zur integrativen Kooperation bzw. Teamarbeit innerhalb der eigenen Institutionen, zur interdisziplinären (multiprofessionellen) Zusammenarbeit, zur professionsübergreifenden Projektarbeit

Abbildung 8: Kompetenztableau für den Tätigkeitsbereich (Bylinski 2016: S. 225)

Die Ebenen I und II gehören zum Bereich der individuellen Begleitung und Unterstützung, in dem das Individuum mit seinen Ressourcen und Potenzialen der Ausgangspunkt ist und nicht die Defizite oder ein spezifisches Merkmal wie eine Beeinträchtigung im Vordergrund steht. Hier finden sich die didaktischen Prinzipien, welche im vorherigen Kapitel beschrieben wurden, wieder. Es geht um die Förderung des Einzelnen und gleichermaßen um die Gestaltung der Ausbildung in Lerngruppen.

Die Kompetenzen zur Vernetzung und Kooperation der Ebenen III und IV zielen auf die Zusammenarbeit in Netzwerken und multiprofessionellen Teams ab. Die erforderlichen Kompetenzen sind anspruchsvoll und die Anforderungen in einer inklusiven Berufsbildung vielfältig. Die Professionalisierung der Fachkräfte in diesem Bereich scheint notwendig, um den Herausforderungen begegnen zu können. Insbesondere die Zusammenarbeit und die kollegiale Beratung in den Teams der Berufsschulen und außerbetrieblichen Einrichtungen unterstützt eine reflexive Grundhaltung und ressourcenorientierte Nutzung bereits bestehender Expertisen.

Besonders bedeutend stellt sich die Professionalisierung der betrieblichen Ausbilder dar. Deren Tätigkeit war bisher von einem ökonomischen Verständnis und dem

„zu deckenden Qualifikationsbedarf des Betriebes" (Brater 2016: S. 246) geprägt. Der individuellen Begleitung von Auszubildenden oder gar einer binnendifferenzierten Vermittlung der relevanten Inhalte wurde kaum Beachtung geschenkt (vgl. ebd.). Laut der in 2009 neu inkraftgetretenen Ausbildereignungsverordnung (AEVO) sollen Ausbilder zwar in der Lage sein, „die soziale und persönliche Entwicklung von Auszubildenden zu fördern" (§ 3 Absatz 3 Nr. 7 AEVO), jedoch scheint der pädagogische Aspekt aufgrund der Orientierung der Ausbildung an Arbeits- und Geschäftsprozessen in der Praxis keine nennenswerte Anwendung zu finden (vgl. Brünner 2014: S. 161 f.). Zukunftsorientierte Ausbildung jedoch investiert in die Persönlichkeit und Kompetenzentwicklung der jungen Erwachsenen (vgl. Brater 2016: S. 247), um dem Bedarf des Arbeitsmarktes an Kreativität und Innovationskraft zu entsprechen. Diese Aspekte werden hinsichtlich stetig wechselnder Anforderungen auf dem Arbeitsmarkt mehr gefordert sein als die Bewältigung von Routineaufgaben oder der reinen Wiedergabe von Erlerntem (vgl. Brater 2016: S. 248). Hier sind Kompetenzen gefragt, welche es den jungen Erwachsenen ermöglichen auch in offenen Situationen sowie hinsichtlich unbekannten und komplexen Aufgaben handeln zu können (vgl. ebd.). In Bezug auf die Ausbildung von jungen Erwachsenen mit Teilhabebeeinträchtigung bedeutet dies für die Ausbilder die im vorherigen Kapitel beschriebenen didaktischen Prinzipien zu erlernen und anzuwenden. Die Wahrnehmung der Heterogenität und Akzeptanz von Unterschieden sowie die ressourcenorientierte Nutzung der Vielfalt sind genauso zentral wie die Beziehungsarbeit, das individuelle Fördern durch Binnendifferenzierung und das methodische Aufbereiten des gemeinsamen Lerngegenstands. Ausbilder sollen grundsätzlich aber insbesondere in der Ausbildung von jungen Erwachsenen mit Teilhabebeeinträchtigung, ihre Arbeit als Berufspädagogen verstehen, die den Paradigmenwechsel im Sinne der UN-BRK hin zu einer zukunftsorientieren und inklusiven Berufsausbildung verstehen und umsetzen. Das Erweitern ihres erworbenen und erprobten Fachwissens in der Ausbildung von Fachkräften um pädagogische Fähigkeiten und einer reflektierten inklusiven Grundhaltung bietet Ausbildern die Möglichkeit eine eigenständige und zukunftsträchtige Profession zu entwickeln (vgl. ebd. S. 253). Hinsichtlich des Fachkräftemangels, der Sicherung der Qualität im Berufsbildungsbereich und der Umsetzung einer inklusiven Ausbildung in Deutschland kann so die ausbildende Tätigkeit, die oftmals neben anderen Aufgaben von Ausbildern zusätzlich zu bewältigen ist, eine zentrale Rolle einnehmen. Diesen Anforderungen sollte durch Weiterbildungen für Ausbilder und einer Veränderung der AEVO bezüglich der Vermittlung pädagogischen Fachwissens und methodischen Kompetenzen Rechnung getragen werden.

Gleichermaßen bedarf es einer inklusiven Ausrichtung der Lehrerbildung für das Lehramt an den Berufsschulen. Die Umsetzung einer an Inklusion ausgerichteten Lehrerbildung für berufliche Schulen in den deutschen Hochschulen variiert länderspezifisch (vgl. Zoyke 2016: S. 218). Insgesamt wird das Thema Inklusion in der Lehrerbildung oftmals noch nicht als Querschnittsthema vermittelt. In vielen Hochschulen wird es als ein zusätzliches Thema behandelt ohne Verankerung im gesamten Curriculum (vgl. ebd. S. 224).

Bestrebungen dem Bedarf zu begegnen ist durch die verabschiedete Empfehlung der Hochschulrektorenkonferenz (HRK) und der Kultusministerkonferenz (KMK) „Lehrerbildung für eine Schule der Vielfalt" (HRK & KMK: 2015) zu erkennen. Diese bezieht sich auf eine Verankerung der Inklusion in allen Phasen der Lehrerausbildung. Neben der Vermittlung von Fähigkeiten hinsichtlich Förder- und Unterstützungsangebote zielt die Empfehlung auch auf eine reflexive Haltung gegenüber Vielfalt ab (vgl. Zoyke 2016: S. 218). Es bleibt abzuwarten, wie diese Empfehlung zukünftig umgesetzt wird und länderspezifische Abweichungen überwunden werden, sodass Inklusion in deutschen Hochschulen flächendeckend in der Lehrerbildung für das Lehramt in beruflichen Schulen verankert werden kann.

7 Fazit

Die Schwelle zum Arbeitsmarkt stellt für junge Erwachsene mit einer Teilhabebeeinträchtigung oftmals eine Hürde dar. Dabei hilft der erfolgreiche Einstieg durch eine absolvierte Berufsausbildung in den Arbeitsmarkt Exklusionsrisiken abzuwenden. Die dadurch gewonnene soziale Zugehörigkeit und Anerkennung sind elementar für eine erfolgreiche Inklusion in die Gesellschaft. Die vorliegende Arbeit macht deutlich, wie wichtig die Betrachtung der Teilhabe von jungen Erwachsenen mit einer Beeinträchtigung hinsichtlich einer Berufsausbildung ist.

Der Paradigmenwechsel von der Extinktion zur Inklusion, also von der Verneinung des unbedingten Lebensrechts hin zur der Erkenntnis, dass Menschen mit Teilhabebeeinträchtigung gleichberechtigt allgemeingültige Rechte und Freiheiten gewährt und ohne Diskriminierung garantiert werden müssen, ist historisch gesehen ein großer Fortschritt. Durch die Unterzeichnung der Vertragsstaaten der UN-BRK entwickelte sich der Begriff der Inklusion von einem Leitbild hin zu einem Rechtsbegriff. Somit steht auch Deutschland in der Verantwortung, die Voraussetzungen für eine inklusive Gesellschaft zu schaffen.

Die in der UN-BRK aufgestellten Verpflichtungen für die Vertragsstaaten konnten insgesamt eine konsequente Formulierung hinsichtlich der Umsetzung der gleichberechtigten Teilhabe aufweisen. In gleicher Konsequenz werden Staaten durch eine Berichtsprüfung des Ausschusses der UN-BRK angemahnt, wenn Abweichungen hinsichtlich einzelner Verpflichtungen auftreten.

Das Verständnis von Teilhabebeeinträchtigung als Wechselwirkung zwischen individueller Beeinträchtigung und gesellschaftlichen Barrieren ist ein wesentlicher Kern der UN-BRK. Die ICF macht es möglich, auf der Grundlage eines bio-psycho-sozialen Modells die Wechselwirkungen zwischen in der Person liegenden, individuellen Faktoren und Umweltfaktoren detailliert zu beschreiben. Im Ergebnis stellt sich die ICF als wertvolles und einheitliches Instrument für das Gesundheits- und Rehabilitationswesen sowie die soziale Arbeit dar, um ganzheitliche Einschätzungen und Empfehlungen hinsichtlich des Unterstützungsbedarfes abgeben zu können. Dieses Instrument muss zukünftig vermehrt implementiert werden.

Die in Kapitel 3.2 dargestellten relevanten Forderungen der UN-BRK hinsichtlich der Berufsausbildung wurden aus den drei Artikeln zur Bildung, Rehabilitation und Habilitation sowie Arbeit zusammengeführt. Auch hier ist zusammenfassend zu erkennen, dass die UN-BRK eine konsequente Umsetzung eines gleichberechtigten

Zugangs zu allgemeiner Berufsausbildung für junge Erwachsene mit Teilhabebeeinträchtigung fordert.

Die in Kapitel 5.1 genannten Ergebnisse im Hinblick auf die Verteilung der jungen Erwachsenen in betrieblicher und außerbetrieblicher Ausbildung oder im Werkstattbereich sind in Bezug auf den gewünschten Vorrang einer betrieblichen Ausbildung nicht zufriedenstellend: Lediglich ca. 7 – 10 % der jungen Erwachsenen mit Teilhabebeeinträchtigung befinden sich in einer betrieblichen Ausbildung auf dem allgemeinen Arbeitsmarkt. Die Ursachen hierfür liegen, laut Umfragen in Ausbildungsbetrieben, in der fehlenden oder nicht ausreichend transparent gestalteten Information bezüglich staatlicher Unterstützungsleistungen. Des Weiteren gaben Betriebe an, bisher keine jungen Erwachsenen mit Teilhabebeeinträchtigung auszubilden, da ihnen Bewerbungen auf einen Ausbildungsplatz von dieser Personengruppe fehlen. Aus den beiden genannten Gründen lässt sich schlussfolgern, dass die Sensibilisierung und die Bewusstseinsbildung sowohl in den Betrieben, als auch die jungen Erwachsenen und ihr soziales Umfeld betreffend, bisher nicht ausreichend umgesetzt wurden.

Angesichts der oben genannten Zahlen kann bisher nicht von einem inklusiven Ausbildungsmarkt gesprochen werden. Auch, wenn die UN-BRK die Parallelität vom allgemeinen Ausbildungsmarkt und Rehabilitation zulässt, stellt sie sich doch klar gegen exkludierende Sonderstrukturen. Maßnahmen der Rehabilitation haben den Auftrag, die Unabhängigkeit von jungen Erwachsenen mit Teilhabebeeinträchtigung zu fördern anstatt den Verbleib in Sonderstrukturen zu begünstigen. Somit wurden die zu Beginn der Arbeit gestellten Fragen zur Bedeutung der UN-BRK hinsichtlich der Berufsausbildung von jungen Erwachsenen und deren gegenwärtige Situation auf dem Ausbildungsmarkt beantwortet.

Zur Frage, welche Schritte zu einer inklusiven Berufsausbildung fehlen, konnten in der vorliegenden Arbeit Handlungsempfehlungen für die Praxis erarbeitet werden, die sich wie folgt zusammenfassen lassen. Die einheitliche Meinung der Autoren ist, dass die Inklusion in der Berufsausbildung nur gelingen kann, wenn sich Betriebe daran beteiligen. Als Konsequenz muss die Struktur des sozialrechtlichen Leistungsdreieckes zwischen Kostenträger, Leistungserbringer und Leistungsempfänger aufgelöst und eine neue Struktur entwickelt werden, in der Betriebe mit eingebunden werden. In inklusiven Ausbildungskonzepten wird in den betrieblichen und außerbetrieblichen Einrichtungen ein höheres Maß an Flexibilität als bisher gefordert. Im Ergebnis ist die gegenwärtige, durch den Gesetzgeber vorgegebene, starre Förderstruktur hinsichtlich einer besseren Durchlässigkeit aufzuweichen.

Die Berufsbildungswerke und Bildungsträger können zukünftig ihre Dienstleistungen in regionalen Kompetenzzentren bündeln sowie begleitend und beratend für Auszubildende, Betriebe und Berufsschulen tätig sein. In Ausbildungskonzepten müssen Prinzipien einer inklusiven Didaktik verankert werden. Dazu zählt zusammenfassend eine wertschätzende Grundhaltung gegenüber Diversität, Beziehungsarbeit, die individuelle Förderung durch Binnendifferenzierung und eine angemessene Methodenvielfalt.

Die Arbeit der pädagogischen Fachkräfte wird oftmals als Schlüsselrolle in der Inklusion bezeichnet. Angesichts dessen liegt die Schlussfolgerung nah, dass ebenfalls die Professionalisierung der Lehrkräfte, Sozialpädagogen und Ausbilder von großer Bedeutung ist. Zusammenfassend lassen sich für zukünftige Fortbildungsthemen insbesondere der Umgang mit Heterogenität, Reflexion, individuelle Begleitung und Unterstützung sowie Vernetzung und Kooperation anführen. Im Hinblick auf die Tätigkeiten der Berufsschullehrkräfte und Ausbilder bedarf es einer inklusiven Ausrichtung der Lehrerbildung für das Lehramt an den Berufsschulen und der AEVO.

Im Hinblick auf die Grenzen der vorliegenden Arbeit sind folgende Anmerkungen zu machen. Der Einbezug von komplexeren Heterogenitätsfaktoren außerhalb der Kategorie der Beeinträchtigungen als grundlegenden Aspekt der Inklusion konnte in der vorliegenden Arbeit nicht konsequent verfolgt werden. Faktoren wie Geschlecht, das soziale Milieu oder Ethnizität spielen im Hinblick auf Teilhabechancen ebenfalls eine Rolle. Das Bestreben, diese im Kontext der Inklusion gleichermaßen zu berücksichtigen, klang in der gesichteten Literatur an, jedoch ohne die notwendige Stringenz. Welche Exklusionsfaktoren hinsichtlich unterschiedlicher Personengruppen außerhalb der Kategorie der Beeinträchtigung bestehen, ist eine Fragestellung, die weiterer Untersuchungen bedarf.

Eine weitere lohnenswerte Aufgabe ist die Ausarbeitung eines Konzeptes hinsichtlich der von der UN-BRK geforderten Bewusstseinsbildung. Diese wurde im Rahmen dieser Arbeit am Rande behandelt, jedoch war eine umfassende Forschung nicht möglich. Mit dem Blick auf Inklusion als gesamtgesellschaftliche Aufgabe ist dies jedoch notwendig. Wie ist das Bewusstsein von jungen Erwachsenen mit Teilhabebeeinträchtigung und deren sozialem Umfeld hinsichtlich deren Fähigkeiten und Ausbildungsmöglichkeiten zu fördern, sodass eine selbstbewusste Haltung in Bezug auf Bewerbungsaktivitäten entsteht? In welcher Art und Weise müssen Betriebe offensiv Anzeigen für Ausbildungsstellen gestalten, sodass sich alle junge Erwachsene angesprochen und ermutigt fühlen, sich darauf zu bewerben? Welche

Verpflichtungen haben Vereine, Schulen, Arbeitgeber und Medien bei der Bekämpfung von Vorurteilen und der Bewusstseinsbildung im Hinblick auf die Fähigkeiten und den Beitrag von Menschen mit Teilhabebeeinträchtigung in unserer Gesellschaft? Diese Fragestellungen können an anderer Stelle weiterführend bearbeitet werden. Sie machen jedoch deutlich, dass die Umsetzung der Inklusion nur durch eine grundsätzlich menschenrechtsorientierte Haltung aller Menschen zu bewältigen ist.

Die Umsetzung der Verpflichtungen der UN-BRK in Deutschland ist seit der Unterzeichnung des völkerrechtlichen Vertrages im Jahr 2009 keine Frage des Wollens, sondern gesetzlich verankert. Jedoch spielt der Wille zur Umsetzung sowie die Suche nach kreativen Lösungen und Wegen eine entscheidende Rolle. Es bleibt Aufgabe der Wissenschaft, Begründungen, welche Inklusion verhindern, zu hinterfragen und Aufgabe der in der Verantwortung stehenden Akteure Inklusion im Sinne der UN-BRK umzusetzen.

Literaturverzeichnis

Aichele, V. (2008): Die UN-Behindertenrechtskonvention und ihr Fakultativprotokoll. Ein Beitrag zur Ratifikationsdebatte. URL: https://www.institut-fuer-menschenrechte.de/uploads/tx_commerce/policy_paper_9_die_un_behindertenrechtskonvention_und_ihr_fakultativprotokoll.pdf. (Abruf 13.06.2019).

Aichele, V. (2019): Eine Dekade UN-Behindertenrechtskonvention in Deutschland. In: Aus Politik und Zeitgeschichte 69 (6-7/2019), S. 4 – 10.

Aktion Mensch e. V. (2018): Inklusionsbarometer Arbeit. Eine Kurzanalyse der Inklusionsbarometer 2013 bis 2017. URL: https://www.aktion-mensch.de/dam/jcr:e68fa028-f4d8-4443-9090-4ca17e9a50f9/arbeit-inklusionsbarometer-kurzanalyse-2013-2017.pdf. (Abruf 06.07.2019).

Arndt, I. (2018): Verbesserung der Übergänge von Jugendlichen von der Schule in Ausbildung und Beruf durch die Umsetzung von Inklusion im Bildungssystem. In: Arndt, I. & Neises, F. & Weber, K.: Inklusion im Übergang von der Schule in Ausbildung und Beruf. Bonn: Bundesinstitut für Berufsbildung, S. 38 – 54.

Autorengruppe Bildungsberichterstattung (2014): Bildung in Deutschland 2014. Menschen mit Behinderungen im Bildungssystem. Bielefeld: W. Bertelsmann Verlag.

Autorengruppe Bildungsberichterstattung (2018): Bildung in Deutschland 2018. Ein indikatorengestützter Bericht mit einer Analyse zu Wirkungen und Erträgen von Bildung. URL: https://www.bildungsbericht.de/de/bildungsberichte-seit-2006/bildungsbericht-2018/pdf-bildungsbericht-2018/bildungsbericht-2018.pdf. (Abruf 22.06.2019).

Baum, S. (2017): Entwicklung der Inklusion in den sozialpädagogischen Arbeitsfeldern. In: Gartinger, S. & Janssen, R.: Professionelles Handeln im sozialpädagogischen Berufsfeld. Erzieherinnen+Erzieher. Berlin: Cornelsen Verlag GmbH, S. 438–449.

Beauftragter der Bundesregierung für die Belange behinderter Menschen (2013): Die Staatliche Koordinierungsstelle. URL: https://www.behindertenbeauftragter.de/ SharedDocs/Publikationen/DE/StaatlicheKoordinierungsstelle.pdf?_blob=publicationFile&v=6. (Abruf 15.06.2019).

Bergeest, H. & Boenisch, J. (2019): Körperbehindertenpädagogik. 6. Aufl. Bad Heilbrunn: Verlag Julius Klinkhardt.

Biewer, G. & Schütz, S. (2016): Inklusion. In: Hedderich, I. & Biewer, G. & Hollenweger, J. & Markowetz, R.: Handbuch Inklusion und Sonderpädagogik. Bad Heilbrunn: Verlag Julius Klinkhardt, S. 123 – 127.

Biewer, G. (2017): Grundlagen der Heilpädagogik und Inklusiven Pädagogik. 3. Aufl. Bad Heilbrunn: Verlag Julius Klinkhardt.

Bundesarbeitsgemeinschaft der Integrationsämter und Hauptfürsorgestellen (2018): ABC Fachlexikon. 6. Aufl. Wiesbaden: Universum Verlag GmbH.

Bundesarbeitsgemeinschaft für Rehabilitation e. V. (2015): ICF-Praxisleitfaden 1. URL: https://www.bar-frankfurt.de/fileadmin/dateiliste/publikationen/icf-praxisleitfaeden/downloads/PLICF1.web.pdf. (Abruf 03.06.2019).

Brater, M. (2016): Qualifizierung und Professionalisierung der Ausbilder/-innen für inklusive Berufsbildung. In: Bylinski, U. & Rützel, J.: Inklusion als Chance und Gewinn für eine differenzierte Berufsbildung. Bonn: Bundesinstitut für Berufsbildung, S. 245 – 257.

Brünner, K. (2014): Aufgabenspektrum und Handlungsstrukturen des betrieblichen Ausbildungspersonals. Selbstwahrnehmung und Fremdattribuierung im Kontext von Berufskonzept und Professionalisierung. Detmold: Eusl-Verlagsgesellschaft.

BA (2017): Brücke in die Berufsausbildung. Betriebliche Einstiegsqualifizierung (EQ). URL: https://con.arbeitsagentur.de/prod/apok/ct/dam/download/documents/dok_ba013244.pdf. (Abruf 28.06.2019).

BA (2018): Fachliche Weisungen Außerbetriebliche Berufsausbildung (BaE). URL: https://con.arbeitsagentur.de/prod/apok/ct/dam/download/documents/FW-P-76-BaE_ba017772.pdf. (Abruf 28.06.2019).

BA (2019): Übersicht der Ausbildungsberufe für Menschen mit Behinderungen. URL: http://planet-beruf.de/schuelerinnen/mein-beruf/berufe-von-a-z/uebersicht-der-ausbildungsberufe-fuer-menschen-mit-behinderungen/. (Abruf 28.06.2019).

BMAS (2016): Nationaler Aktionsplan 2.0 der Bundesregierung. URL: https://www.gemeinsam-einfach-machen.de/SharedDocs/Down-loads/DE/AS/NAP2/NAP2.pdf?_blob=publicationFile&v=3. (Abruf 15.06.2019).

Bundesinstitut für Berufsbildung (2018): Datenreport zum Berufsbildungsbe-richt 2018. URL: https://www.bibb.de/dokumente/pdf/bibb_datenre-port_2018.pdf. (Abruf 05.07.2019).

Bundesministerium für Bildung und Forschung (2017): Berufsbildungsbericht 2017. URL: https://www.demografie-portal.de/SharedDocs/Down-loads/DE/BerichteKonzepte/Bund/Berufsbildungsbericht-2017.pdf?_blob=publicationFile&v=2. (Abruf 02.07.2019).

Bylinski, U. (2015): Wege zur inklusiven Berufsbildung. In: Berufsbildung in Wissenschaft und Praxis 44 (2), S. 10 – 14.

Bylinski, U. (2016): Begleitung individueller Wege in den Beruf. Professionali-sierung für eine inklusive Berufsbildung. In: Bylinski, U. & Rützel, J.: Inklu-sion als Chance und Gewinn für eine differenzierte Berufsbildung. Bonn: Bundesinstitut für Berufsbildung, S. 215 – 232.

Bylinski, U. & Rützel, J. (2016): Zur Einführung. Inklusion in der Berufsbildung. Perspektivwechsel und neue Gestaltungsaufgabe. In: Bylinski, U. & Rützel, J.: Inklusion als Chance und Gewinn für eine differenzierte Berufsbildung. Bonn: Bundesinstitut für Berufsbildung, S. 9 – 23.

Degener, T. (2009): Die UN-Behindertenrechtskonvention als Inklusionsmotor. In: Recht der Jugend und des Bildungswesens 57 (2), S. 200 – 219.

Degener, T. (2015): Die UN-Behindertenrechtskonvention – ein neues Verständ-nis von Behinderung. In: Degener, T. & Diehl, E.: Handbuch Behinderten-rechtskonvention. Bonn: Bundeszentrale für politische Bildung, S. 55 – 74.

Deutscher Blinden- und Sehbehindertenverband (2017): Ratgeber Recht. URL: https://www.dbsv.org/broschueren.html?file=files/ueber-dbsv/publika-tionen/broschueren/DBSV-Ratgeber_Recht_2017.pdf. (Abruf 07.06.2019).

Deutscher Bundestag (2016): Unterrichtung durch die Bundesregierung. Ent-wurf eines Gesetzes zur Stärkung der Teilhabe und Selbstbestimmung von Menschen mit Behinderungen. Drucksache 18/9522. URL: http://dip21.bundestag.de/dip21/btd/18/099/1809954.pdf. (Abruf 06.07.2019).

Deutscher Paritätischer Wohlfahrtsverband (2019): Referentenentwurf eines Gesetzes zur Entlastung unterhaltsverpflichteter Angehöriger in der Sozialhilfe und in der Eingliederungshilfe. URL: https://www.der-paritaetische.de/schwerpunkt/bundesteilhabegesetz/zum-gesetz/. (Abruf 06.07.2019).

Deutsches Institut für Medizinische Dokumentation und Information (2005): Internationale Klassifikation der Funktionsfähigkeit, Behinderung und Gesundheit. URL: http://www.dimdi.de/dynamic/.downloads/klassifikationen/icf/icfbp2005.zip. (Abruf 13.05.2019).

Deutsches Institut für Medizinische Dokumentation und Information (2019): Kapitel 5 Psychische und Verhaltensstörungen. Intelligenzstörungen. URL: https://www.dimdi.de/static/de/klassifikationen/icd/icd-10-gm/kode-suche/htmlgm2019/block-f70-f79.htm (Abruf 06.06.2019).

DGPPN (2018): Psychische Erkrankungen in Deutschland. URL: https://www.dgppn.de/_Resources/Persistent/f80fb3f112b4eda48f6c5f3c68d23632a03ba599/DGPPN_Dossier%20web.pdf. (Abruf 06.06.2019).

DIMR (o. J.). Die Monitoring-Stelle UN-Behindertenrechtskonvention. URL: https://www.institut-fuer-menschenrechte.de/monitoring-stelle-un-brk/ueber-uns/. (Abruf 15.06.2019).

DIMR (2019): Wer Inklusion will, sucht Wege. Zehn Jahre UN-Behindertenrechtskonvention in Deutschland. URL: https://www.institut-fuer-menschenrechte.de/fileadmin/user_upload/Publikationen/ANALYSE/Wer_Inklusion_will_sucht_Wege_Zehn_Jahre_UN_BRK_in_Deutschland.pdf. (Abruf 30.06.2019).

Enggruber, R. (2018): Reformvorschläge zu einer inklusiven Gestaltung der Berufsausbildung. In: Arndt, I. & Neises, F. & Weber, K.: Inklusion im Übergang von der Schule in Ausbildung und Beruf. Bonn: Bundesinstitut für Berufsbildung, S. 27 – 37.

Enggruber, R. & Rützel, J. (2014): Berufsausbildung junger Menschen mit Behinderung. Eine repräsentative Befragung von Betrieben. URL: https://www.bertelsmann-stiftung.de/fileadmin/files/BSt/Publikationen/GrauePublikationen/GP_Berufsbildung_junger_Menschen_mit_Behinderungen.pdf. (Abruf 02.07.2019).

Eser, K.-H. (2006): Junge Menschen mit Behinderung in der Berufsausbildungs-vorbereitung. Band 16. Offenbach am Main: Institut für berufliche Bildung, Arbeitsmarkt- und Sozialpolitik GmbH.

Euler, D. & Severing, E. (2014): Inklusion in der beruflichen Bildung. Daten, Fakten, offene Fragen. URL: https://www.bertelsmann-stiftung.de/fileadmin/files/BSt/Publikationen/GrauePublikationen/GP_Inklusion_in_der_beruflichen_Bildung_Daten_Fakten_offene_Fragen.pdf. (Abruf 22.06.2019).

Feuser, G. (1989): Allgemeine integrative Pädagogik und entwicklungslogische Didaktik. In: Behindertenpädagogik 28 (1/1989), S. 4 – 48.

Feuser, G. (1995): Behinderte Kinder und Jugendliche. Darmstadt: Wissenschaftliche Buchgesellschaft.

Franz, D. & Beck, I. (2016): Normalisierung. In: Hedderich, I. & Biewer, G. & Hollenweger, J. & Markowetz, R.: Handbuch Inklusion und Sonderpädagogik. Bad Heilbrunn: Verlag Julius Klinkhardt, S. 102 – 107.

Galiläer, L. (2015a): Ausbildung von Jugendlichen mit Behinderung – von der Eingliederung auf Sonderwegen zur Inklusion? In: Goth, G. & Severing, E.: Berufliche Ausbildung junger Menschen mit Behinderung – Inklusion verwirklichen. Bielefeld: W. Bertelsmann Verlag GmbH & Co. KG, S. 11 – 44.

Galiläer, L. (2015b): Einleitung. In: Goth, G. & Severing, E.: Berufliche Ausbildung junger Menschen mit Behinderung – Inklusion verwirklichen. Bielefeld: W. Bertelsmann Verlag GmbH & Co. KG, S. 5 – 8.

Galiläer, L. (2015c): Ausbildungsbausteine und Kompetenzorientierung in der Ausbildung jugendlicher Rehabilitanden – Qualitätsverbesserungen im Rahmen etablierter Strukturen. In: Goth, G. & Severing, E.: Berufliche Ausbildung junger Menschen mit Behinderung – Inklusion verwirklichen. Bielefeld: W. Bertelsmann Verlag GmbH & Co. KG, S. 159 – 218.

Heimlich, U. (2016): Integration. In: Hedderich, I. & Biewer, G. & Hollenweger, J. & Markowetz, R.: Handbuch Inklusion und Sonderpädagogik. Bad Heilbrunn: Verlag Julius Klinkhardt, S. 118 – 122.

HRK & KMK (2015): Lehrerbildung für eine Schule der Vielfalt. Gemeinsame Empfehlung. URL: https://www.kmk.org/fileadmin/Dateien/veroeffentlichungen_beschluesse/2015/2015_03_12-Schule-der-Vielfalt.pdf. (Abruf 10.07.2019).

Hüppe, H. (2011): Pressemitteilung. Auftaktparty im Kleisthaus zum Kampagnenstart. „Deutschland wird inklusiv – wir sind dabei!". URL: https://www.behindertenbeauftragter.de/SharedDocs/Pressemitteilungen/DE/2011/PM10_Inklusionskampagne_kk.html. (Abruf 10.07.2019).

Institut der deutschen Wirtschaft Köln e. V. (o. J.): Leistungen der Bundesagentur für Arbeit: Berufliche Rehabilitation. URL: https://www.rehadat-statistik.de/de/Leistungen/BA_Leistungen/. (Abruf 27.06.2019).

Knospe, U. & Papadopoulos, C. (2015): Die Verantwortlichkeit der staatlichen Anlaufstelle (Focal Point). In: Degener, T. & Diehl, E.: Handbuch Behindertenrechtskonvention. Bonn: Bundeszentrale für politische Bildung, S. 77 – 84.

Kracke, B. & Sasse, A. (2019): Inklusion/Integration als Herausforderung für die Erziehungspsychologie. In: Kracke, B. & Noack, P.: Handbuch Entwicklungs- und Erziehungspsychologie. Berlin: Springer-Verlag GmbH Deutschland, S. 223 – 248.

Kullmann, H. & Lütje-Klose, B. & Textor, A. (2014): Eine Allgemeine Didaktik für inklusive Lerngruppen – fünf Leitprinzipien als Grundlage eines Bielefelder Ansatzes der Inklusiven Didaktik. In: Amrhein B. & Dziak-Mahler, M.: Fachdidaktik inklusiv – Auf der Suche nach didaktischen Leitlinien für den Umgang mit Vielfalt in der Schule. Münster: Waxmann, S. 89 – 107.

Künsemüller, P. (2017): Unterstützung von Arbeitgebern bei der Realisierung von Inklusion im Betrieb. In: Riecken, A. & Jöns-Schneider, K. & Eikötter, M.: Berufliche Inklusion. Weinheim: Beltz Juventa, S. 142 – 163.

Lohe, M. (2018): Wie sind Betriebe auf eine inklusive Berufsausbildung vorbereitet? In: Goth, G. & Kretschmer, S. & Pfeiffer, I.: Inklusive Berufsbildung junger Menschen. Auf dem Weg zu neuen Dienstleistungen von Einrichtungen beruflicher Rehabilitation, S. 65 – 72.

Luhmann, N. (1995): Soziologische Aufklärung. Band 6: Die Soziologie und der Mensch. Opladen: Westdeutscher Verlag, S. 237 – 264.

Nuglisch, R. (2015): Mehr Chancen auf Teilhabe – Assistierte Ausbildung als Instrument zur Förderung einer inklusiven Berufsbildung. In: Berufsbildung in Wissenschaft und Praxis 44 (2), S. 24 – 25.

Opertti, R. & Walker, Z. & Zhang, Y. (2014): Inclusive education: From targeting groups and schools to achieving quality education as the core of EFA. In: L. Florian: The SAGE handbook of special education. London, England: SAGE, S. 149 – 169.

Prengel, A. (2012): Humane entwicklungs- und leistungsförderliche Strukturen im inklusiven Unterricht. In: Moser, V.: Die inklusive Schule. Standards für die Umsetzung. Stuttgart: Kohlhammer, S. 175 – 183.

Rathke, S. & Stumpf, U. (2018): Ausbildungspotenziale erschließen – Benachteiligte Jugendliche. In: Goth, G. & Kretschmer, S. & Pfeiffer, I.: Inklusive Berufsbildung junger Menschen. Auf dem Weg zu neuen Dienstleistungen von Einrichtungen beruflicher Rehabilitation. Bielefeld: wbv Media GmbH & Co. KG, S. 137 – 151.

Reims, N. & Tisch, A. & Tophoven, S. (2016): IAB-Kurzbericht. Junge Menschen mit Behinderung: Reha-Verfahren helfen beim Berufseinstieg. URL: http://doku.iab.de/kurzber/2016/kb0716.pdf. (Abruf 27.06.2019).

Riecken, A. & Jöns-Schnieder, K. & Eikötter, M. (2017): Berufliche Inklusion. Einführung in die Thematik. In: Riecken, A. & Jöns-Schnieder, K. & Eikötter, M.: Berufliche Inklusion. Forschungsergebnisse von Unternehmen und Beschäftigten im Spiegel der Praxis. Weinheim, Basel: Beltz Juventa, S. 7 – 17.

Roebke, C. & Hüwe, B. (2009): Elternbewegung gegen Aussonderung von Kindern mit Behinderungen: Motive, Weg und Ergebnisse. URL: https://www.inklusion-online.net/index.php/inklusion-online/article/view/181. (Abruf 18.04.2019).

Rohrmann, E. (2017): Integration. In: Ziemen, K.: Lexikon Inklusion. Göttingen: Vandenhoeck & Rupprecht GmbH & Co. KG, S. 142 – 143.

Rudolf, B. (2017): Teilhabe als Menschenrecht – eine grundlegende Betrachtung. In: Diehl, E.: Teilhabe für alle?!. Bonn: Bundeszentrale für politische Bildung, S. 13 – 43.

Schumann, B. (2007): „ICH SCHÄME MICH JA SO!" Die Sonderschule für Lernbehinderte als „Schonraumfalle". Bad Heilbrunn: Verlag Julius Klinkhardt.

Schuntermann, M. (2013): Einführung in die ICF. 4. Aufl. Heidelberg, München, Landsberg, Frechen, Hamburg: ecomed MEDIZIN.

Schwarze-Reiter, K. (2019): Sackgasse oder Startbahn?. In: Menschen. Inklusiv leben 2019 (1), S. 6 – 12.

Speck, O. (1974): Die Rehabilitation der Geistigbehinderten. 2. Aufl. München: Ernst Reinhardt Verlag.

Speck, O. (2008): System Heilpädagogik. 6. Aufl. München: Ernst Reinhardt GmbH & Co KG Verlag.

Statistisches Bundesamt (2018): Pressemitteilung Nr. 228 vom 25. Juni 2018. URL: https://www.destatis.de/DE/Presse/Pressemitteilungen/2018/06/PD18_228_227.html. (Abruf 05.06.2019).

Terfloth, K. (2017): Exklusion. In: Ziemen, K.: Lexikon Inklusion. Göttingen: Vandenhoeck & Rupprecht GmbH & Co. KG, S. 73 – 75.

Theunissen, G. (2016): Geistige Behinderung und Verhaltensauffälligkeiten. 6. Aufl. Bad Heilbrunn: Verlag Julius Klinkhardt.

Thielen, M. (2016): Die Debatte um inklusive Berufsbildung im Spannungsfeld von Heterogenität und Standardisierung. In: Bylinski, U. & Rützel, J.: Inklusion als Chance und Gewinn für eine differenzierte Berufsbildung. Bonn: Bundesinstitut für Berufsbildung, S. 113 – 123.

Trenk-Hinterberger, P. (2015): Arbeit, Beschäftigung und Ausbildung. In: Degener, T. & Diehl, E.: Handbuch Behindertenrechtskonvention. Bonn: Bundeszentrale für politische Bildung, S. 105 – 117.

UN (2015): Ausschuss für die Rechte von Menschen mit Behinderungen Dreizehnte Tagung. Abschließende Bemerkungen über den ersten Staatenbericht Deutschlands. URL: https://www.institut-fuer-menschenrechte.de/fileadmin/user_upload/PDF-Dateien/UN-Dokumente/CRPD_Abschliessende_Bemerkungen_ueber_den_ersten_Staatenbericht_Deutschlands.pdf. (Abruf 30.06.2019).

UN Treaty Section (2019): Status – Convention on the Rights of Persons with Disabilities. URL: https://treaties.un.org/Pages/ViewDetails.aspx?src=TREATY&mtdsg_no=IV-15&chapter=4&clang=_en. (Abruf 10.06.2019).

Wacker, E. (2019): Leben in Zusammenhängen. Behinderung erfassen und Teilhabe messen. In: Aus Politik und Zeitgeschichte 69 (6-7/2019), S. 12 – 18.

Wansing, G. (2015): Was bedeutet Inklusion? Annäherungen an einen vielschichtigen Begriff. In: Degener, T. & Diehl, E.: Handbuch Behindertenrechtskonvention. Bonn: Bundeszentrale für politische Bildung, S. 43 – 54.

Wocken, H. (2010): Qualitätsstufen der Behindertenpolitik und -pädagogik. URL: https://www.ev-akademie-boll.de/fileadmin/res/otg/501909-Wocken.pdf. (Abruf 08.07.2019).

Zoyke, A. (2016): Inklusive Berufsbildung in der Lehrerbildung für berufliche Schulen. Impressionen und Denkanstöße zur inhaltlichen und strukturellen Verankerung. In: Zoyke, A. & Vollmer, K.: Inklusion in der Berufsbildung: Befunde – Konzepte – Diskussionen. Bielefeld: wbv Media, S. 207 – 237.